계엄의 밤, 민주주의의 새벽

이상협 민주당 국방전문위원이 온몸으로 통과한 내란의 기록

계엄의 밤,
민주주의의 새벽

이상협 지음

내란을 기억하며
진실을 기록하다

기록이란 무엇인가? 나는 왜 기록하려 하는가?

질문 앞에서 나는 머뭇거렸다. 기록이란 단지 사실을 나열하는 행위가 아니기 때문이다. 오랜 망설임 끝에 나는 대답한다. 내란의 발발과 그 후 정치권에서 벌어진 일들을 현장에서 목격하고 직접 관여한 내게, 기록은 증언이고 선언이며 고발이다.

내란의 밤에 나는 새삼 깨달았다. 민주주의는 헌법이 보장한다고 해서 저절로 지켜지는 것이 아니다. 매 순간 누군가 온몸으로 수호해야 비로소 존립할 수 있는 가치다.

서로 간에 굳이 무엇을 해야 된다고 말하지 않았어도, 모두가 분연히 나서 국회 본관 유리문 앞에 사무용 집기를 쌓으며 계엄군을 막아 내던 그 순간, 나는 민주주의의 실체를

‘만졌다’. 말로만 떠드는 추상적 가치가 아니라 온몸으로 실천하는 구체적 행위, 그것이 민주주의였다.

그러므로 나는 기록하려 한다. 내가 그 엄혹한 내란의 현장에서 보고 듣고 겪은 것들로써 역사를 증언하고, 민주를 선언하며, 반민주 세력을 고발하기 위해.

1부는 바로 그 밤의 기록이다. 그 기괴한 계엄의 밤에 겪은 긴박했던 순간들을 있는 그대로 담고자 했다. 그것은 단지 시간순에 따른 사건의 재구성이 아니다. 내란의 한복판에서 내가 경험한 공포―대한민국 민주주의가 한순간에 멈춰 설 수도 있다는 비현실적 공포―의 표현이며, 공포를 극복하고자 했던 몸부림의 재현이다.

우리는 왜 이토록 생생한 아픔을 기어코 끄집어내 기록해야 하는가. 기록은 과거를 돌아봄으로써 현재를 질문하는 행위이기 때문이다. 기억하고 실천하지 않는다면 민주주의는 언제든 어떤 형태로든 무너질 수 있음을 잊지 말아야 하기 때문이다. 그런 의미에서 기록은 망각에 대한 저항이다.

2부에는 진실이 세상 밖으로 나오게 된 계기를 기록했다. 용기 있는 한 군인의 결단이 역사를 옳은 방향으로 이끌었다. 윤석열이 ‘문을 부수고 의원들을 끌어내라’고 지시했다는 곽종근 전 특전사령관의 증언은 비상계엄이 내란임을 입증하는 '스모킹 건'이었다.

언론과 여론이 들끓었다. 제2, 제3의 곽종근이 용기를 내어 일관된 진실을 증언했다. 탄핵안 표결을 주저하던 일부 국회의원들도 더 이상 정의를 외면할 수 없었을 것이다. 그리하여 의결정족수 미달로 허무하게 폐기됐던 '대통령 윤석열'에 대한 탄핵소추안은 불과 일주일 뒤 204표라는 압도적 찬성으로 가결됐다. 한 군인의 양심이 흔들림 없이 버티고 섰던 까닭에, 역사의 물줄기는 진실과 정의의 방향으로 흐를 수 있었다.

3부는 내란 세력의 진실 훼손 공작에 대한 이야기다. 진실은 스스로를 방어하지 못한다. 진실이 진실이라는 이유만으로 살아남을 수 있다면 역사는 왜곡될 까닭이 없을 것이다. 곽종근 전 특전사령관이 꺼내 놓은 진실은 어떤 시련을 겪었는가? 그리고 어떻게 살아남았는가?

진실을 가로막으려는 세력이 들끓었다. 그들은 곽종근의 증언이 '회유'되었다는 '의혹'을 흘렸고, 그 화살을 내게로 겨누었다. 내란 세력의 공작이 전방위적으로 시작됐다. 진실의 무게만큼이나 그것을 지키는 일도 무거웠다. 그러나 진실은 그것을 끝까지 지키려는 사람이 있는 한, 진실이

기에 살아남는다. 곽종근은 혼자가 아니었다. 양심을 지킨 동료 군인들이 있었고, 민주당이 있었다. 내란 세력의 '회유설'은 결국 진실을 지키려는 사람들로 인해 연기처럼 사라졌다.

그런데 그들은 왜 그토록 진실을 가리고 싶어 했을까? 무엇이 그들을 그처럼 필사적으로 만들었을까? 4부가 어느 정도 답이 될 수 있을 것이다.

겪고 보니 계엄은 우발적 사건이 아니었다. 최소 1년 이상 장기간에 걸쳐 설계된 국가 전복 시도였다. 2023년부터 시작된 비상식적 군 인사, 2024년 평양 무인기 침투, 북한 오물풍선에 대한 원점타격 시도 등은 별개의 사건이 아니었다. 그 모두가 한 곳을 가리키고 있었다. 내란의 징후. 나는 내가 감지했으나 그때는 눈치채지 못했던 징후들에 대해 의혹을 제기했다. 그것이 내가 민주당 국방전문위원으로서 내란과 싸워 온 방식이었고, 이 의혹들은 추후 특검 조사에서 대부분 사실로 밝혀졌다.

5부는 '이제 무엇을 할 것인가'에 대한 민주당의 답안이다. 국민은 이미 역사적 심판을 내렸다. 그러나 분노만으로는 미래를 담보할 수 없다. 우리는 무너진 시스템을 다시 세워야 한다. 계엄법을 뜯어고치고, 방첩사를 법의 통제 아래에 두며, 군인이 불법 명령을 거부할 수 있도록 제도를 완비하는 일. 이것은 사람의 선의에 기대지 않고, 시스템의 힘으로 다시는 민주주의의 빛을 어둠이 가릴 수 없게 만드는 구체적인 설계도다.

나의 이 기록은 그날 밤 함께 싸웠던 수많은 사람의 기록이기도 하다. 국회 본관 로텐더홀에서 어깨를 맞댔던 동료들, 진실을 증언한 용기 있는 군인들, 그리고 광장에서 민주주의를 외쳤던 시민들. 《계엄의 밤, 민주주의의 새벽》은 그들 모두의 이름으로 쓰였다.

칠흑 같던 계엄의 밤은 국민의 저항으로 물러갔다. 그렇게 밝아 온 민주주의의 새벽을 어떻게 지킬 것인가. 기록은 그 자체로 또 다른 어둠을 경계하는 '꺼지지 않는 불빛'이 될 수 있다. 그렇기에 나는 이 책이 과거보다 미래에 머물기를 바란다. 마지막 책장을 덮었을 때, 부디 독자 여러분의 마음에도 그 불빛 하나가 선명히 피어나기를 소망한다.

2025년 12월 14일

이상협

차례

민주주의를 지켜 낸 국민들께
큰 울림이 되기를

김병기 _ 더불어민주당 국회의원, 전 원내대표

《계엄의 밤, 민주주의의 새벽》은 위기의 순간, 국회가 국민과 함께 어떻게 헌정 질서를 다시 세웠는지를 증언하는 귀중한 책입니다. 저자인 이상협은 민주주의의 새벽을 함께 맞이했던 든든한 동지이어서, 이 책의 출간이 더욱 뜻깊게 느껴집니다.

국회 국방위원회에서 수많은 안보 현안을 함께 고민하며 확인했던 그의 통찰과 용기가 이 기록 속에 온전히 담겨 있습니다. 진실을 기록하고 역사를 바로 세우려는 그의 노력에 깊은 신뢰와 존경의 마음을 보냅니다.

이 책이 민주주의를 지켜 낸 국민들께 큰 울림이 되길 바랍니다.

한정애 _ 국회의원, 더불어민주당 정책위 의장

추천사

12.3 비상계엄은 우리의 민주주의가 얼마나 취약할 수 있는지를, 동시에 민주주의를 지키는 것은 결국 시민이라는 사실을 다시 한 번 보여주었습니다.

《계엄의 밤, 민주주의의 새벽》은 그날의 위기와 시민이 지켜 낸 민주주의의 모습을 기억과 성찰의 언어로 담아 낸 소중한 기록입니다. 민주주의를 지키고자 하는 모든 이들에게 권합니다.

대한민국 민주주의를 지켜 낸
모든 국민께 일독을 권함

김병주 _ 국회의원, 전 더불어민주당 최고위원

이상협 위원은 국회 국방위원회에서 저와 함께 12·3 불법계엄의 진실을 밝히고, 윤석열 정권의 내란 의혹을 추적해 온 든든한 동지입니다. 곽종근 사령관 관련 사실 규명 등에서 큰 역할을 했고 이재명 국민주권정부 출범에도 중요한 기여를 했습니다.

《계엄의 밤, 민주주의의 새벽》은 위기의 순간 국회가 국민과 함께 어떻게 헌정 질서를 지켜 냈는지 보여주는 귀중한 기록입니다. 진실을 바로 세우고 민주주의를 지키려는 그 노력에 깊은 응원과 박수를 보냅니다. 대한민국 민주주의를 지켜 낸 모든 국민께 일독을 권합니다.

내밀한 현장의 목격담이자,
민주주의 수호의 구체적인 설계도

부승찬 _ 국회의원, 더불어민주당 대변인, 국회 국방위 간사

이상협 더불어민주당 국방전문위원은 내공과 두터운 네트워크를 갖춘 전략가이자, 함께 내란의 밤을 지새운 든든한 동지입니다. 그는 민주 시민의 양심과 전문가의 실력으로 '계엄의 밤'을 가능케 했던 망가진 시스템을 철저하게 연구하고 기록했습니다.

《계엄의 밤, 민주주의의 새벽》은 내밀한 현장의 목격담이자, 우리 민주주의를 더욱 굳건히 하기 위한 구체적인 설계도입니다. '민주주의의 새벽'을 열고자 치열하게 노력해 온 저자의 진정성과 열정에 감사의 마음을 전하며, 계엄의 진실을 알고자 하는 분들과 민주주의의 새로운 비전을 고민하는 모든 분들께 일독을 권합니다.

윤석열 정권 붕괴의 신호탄을
쏘아 올렸다

임경빈 _ 작가 (헬마우스)

12.3 윤석열 내란사태는 의회민주주의의 심장인 국회에 대한 공격이자, 우리 민주화 역사에 대한 도전이었습니다. 다양한 목소리를 모아 그날의 진실을 밝히고 정리하는 작업은 내란을 종식하는 중요한 일입니다.

저자 이상협은 국회 국방위원회에서 오랫동안 활약한 최고의 국방 전문가로서, 내란의 밤에 국회를 지킨 사람으로서, 계엄의 실체를 밝히는 데에 적격인 사람입니다. 특히 곽종근 사령관을 설득해 증언하게 한 일은 윤석열 정권 붕괴의 신호탄이 되기도 했습니다.

그날 그 밤, 국회 앞에 있었던 동지로서 이 책이 가리키는 진실을 응원합니다.

내란의 밤과 진실의 순간에
그가 있었다

임세은 _ 전 청와대 부대변인, 현 민주당 선임 부대변인, 민생경제연구소 소장

추천사

2024년 12월 3일, 아직도 또렷하게 그날이 기억난다. 윤석열의 불법 비상계엄 선포 직후, 너무 황당해서 믿어지지 않았고 이재명 당 대표가 국회로 모여달라 호소하는 영상을 보고 벌벌 떨며 달려갔던 기억이 생생하다.

나는 국회 담벼락에 있었기에 본청 상황을 알지 못했는데, 이 책을 통해 그날의 충격적인 상황을 생생하게 느낄 수 있다. 놀랍게도 저자인 이상협 위원은 계엄 해제 이후 국방위 긴급 현안 질의 중 곽종근 사령관의 태도와 표정을 보며 그가 양심의 가책을 느끼고 진술을 할지도 모른다는 생각을 직감적으로 했다. 그리고 실제로 곽 사령관을 따로 만나 양심에 따라 진술해 줄 것을 설득했다.

저자는 오랜 기간 국방 전문위원으로 활동해 왔기에, 곽종근 사령관도 그의 진심을 이해했을 것이다. 그의 진심과 애정을 느끼고 고뇌 끝에 윤석열의 부당한 명령을 고백했을 것이다. 그 고백이 탄핵의 시간을 앞당기지 않았나 싶다. 이

상협 위원이 조용하고 훌륭하게 그 역할을 해냈다.

　이상협 위원은 국방 전문위원으로서 직접 겪은 불법 비상계엄의 상황과 진실이 밝혀지는 시간, 그리고 내란 세력의 공작에 대한 이야기들을 허심탄회하게 엮어 냈다. 역사의 중요한 기록이다. 그는 또 앞으로 우리가 무엇을 해야 할 것인가에 대한 전문가로서의 식견도 보여주고 있다.

　내란은 아직도 종식되지 않았다. 해야 할 일이 여전히 많이 남아 있다. 이상협 위원의 기록과 해법들이 내란을 확실하게 단죄하고 민주주의를 빠르게 회복하는 데에 기여할 것이라고 확신한다.

1부

―

평화로운 밤의 불청객

“너희 이게 뭐하는 거야!
거기 탄통에 탄 들어 있어?”

그는 당황하며 대답했다.

“예, 들어 있습니다.”

2024년 12월 3일 저녁 8시, 여느 때와 다름없는 퇴근길. 국회를 나서는데 알 수 없는 묘한 기분이 들었다.

'내일 무슨 행사가 있나?'

평소 인적이 드문 시간이었지만 국회 주변에 경찰 병력과 경찰 버스가 빽빽하게 들어서 있었다. 삼엄한 태세를 유지하고 있는 경찰들의 눈빛은 유난히 위압적이었다. 해가 지고 어두웠지만 불안한 기운은 또렷했다. 라디오에서는 평소와 다름없이 뉴스가 흘러나왔다.

집 현관문을 열고 들어서니 온기가 풍겼다. 아내는 식탁을 정리하고 있었고, 아이들은 집안 곳곳에 자리를 잡은 채로 숙제에 집중하고 있었다. 하루 종일 예산과 정책 자료 더미에 짓눌려 있던 나에게 평화가 찾아오는 시간. 샤워를 마치고 소파에 잠시 몸을 뉘였는데, 어느새 잠에 빠져들었다.

계엄의 밤, 민주주의의 새벽

잠깐 눈을 붙였을까, 안방에서 TV를 보던 아이들이 다급하게 말했다. 밤 10시 27분이었다.

"아빠, 계엄이래!"

"그게 무슨 소리야. 계엄이라니?"

"얼른 TV 봐 봐. 진짜라니까?"

거실 TV 화면에 윤석열이 세상 심각한 표정으로 비상계엄을 선포하는 장면이 반복해서 나오고 있었다. 내 스마트폰으로는 윤석열의 비상계엄 선포 소식이 담긴 알림이 쉴 새 없이 날아와 화면을 가득 메웠다.

온몸의 피가 역류하는 듯했다. 2024년의 대한민국에서, 비상계엄이라는 단어가 대통령의 입에서 나올 줄은 상상조차 하지 못했다. 솔직히 말하면, 그때까지만 해도 이것이 사실인지 완전히 믿을 수 없었다.

'북한 공산 세력의 위협으로부터 자유 대한민국을 수호하고 …… 종북 반국가 세력들을 일거에 척결하고, 자유 헌정 질서를 지키기 위해……'

분노와 함께 공포감이 몰려왔다. 온몸이 떨렸다. 내 손에는 이미 외투와 자동차 키가 들려 있었다. '당장 국회로 가야 한다' 이 생각뿐이었다.

파주에서 국회까지, 평소라면 한 시간은 족히 걸릴 거리를 비상등을 켜고 30분 만에 주파했다. 그야말로 '날아갔다'. 국회 둔치 주차장에 차를 대고 국회로 향하는데, 국회 직원, 보좌진, 기자들이 우르르 몰려가고 있었다. 둔치 주차장에 주차된 차들의 보닛 위로 모락모락 김이 피어오르고 있었다.

국회에는 여러 출입구가 있다. 나는 제3어린이집 방향 출입구가 가장 접근하기 좋은 곳이라고 생각했다. 예상대로 그쪽 출입구에는 아직 경찰의 통제가 없었다. 출입증으로 태그를 하며 출입구를 통과하는 찰나, 문자메시지 알림이 울렸다.

'지금 즉시 국회 본관으로…'

밤 11시를 조금 넘긴 시간, 국회 본관에 도착해 로텐더홀로 올라가려는데 바깥에서 요란한 소리가 들렸다. 창밖 하늘을 올려다보니, 시커먼 헬기들이 대형을 갖춰 국회로 다가오고 있었다. 본관의 커다란 유리문이 전쟁 영화가 상영 중인 극장의 대형 스크린처럼 보였다. 그제야 실감했다.

'아, 이거 진짜구나!'

내란이었다. 언제까지 헬기만 쳐다보고 있을 순 없었다. 나는 곧장 로텐더홀로 올라가 근처에 있던 한 선배에게 소리쳤다.

"형, 헬기 들어와! 빨리 출입문 막아야 돼!"

내 말을 들은 선배가 사람들을 불러 모았다.

"우리 지금 이렇게 있으면 안 됩니다. 출입문마다 편대를 나눠서 막아야 해요!"

그 말을 시작으로 로텐더홀에 모여 있던 보좌진과 당직자들은 의자와 탁자, 그리고 무게가 나갈 만한 것이라면 뭐든 손에 잡히는 대로 들고 각자 맡은 구역으로 흩어졌다. 계엄군이 국회에 진입하지 못하도록 온몸을 던져 막아야 했다.

그러는 사이 김민기 국회 사무총장이 본관에 도착해 국회 직원들을 총동원하며 진두지휘를 시작했다. 긴급상황이었지만 일사불란했다.

"무거운 것일수록 좋아요!"

"유리문 앞에 이중으로 쌓아야 합니다!"

"비상계단 쪽도 확인해 주세요!"

보좌진과 당직자, 방호과 직원들을 비롯한 국회 사무처 직원들이 함께 힘을 합쳐 거대한 바리케이드를 쌓았다. 우리가 오갈 수 있는 출입문 하나만 남기고 나머지 문은 모조리 막았다.

얼마 지나지 않아 예상대로 국회 내부로 무장한 병력이 쳐들어오기 시작했다. 육군 특전사 소속 707특임단으로 보이는 서른 명 정도의 병력이었다. 현관을 막고 있던 우리는 오십여 명이었다.

욕설과 신음, 기합과 비명이 뒤섞이는 대치가 이어졌다. 몸싸움 과정에서 한 선배의 머리에서 피가 터지기도 했다. 하지만 우리 중 누구 한 명 물러서는 사람이 없었다. 언론사 카메라의 플래시가 쉴 새 없이 터졌다.

아수라장 속에서 나는 이름이 적힌 탄창 하나를 발견했다. 실탄이 장착되어 있지는 않았다. 주위를 둘러보다가, 탄약통을 든 군인을 발견했다.

"야! 너, 707!"

그들은 내가 국방전문위원으로 일하며 확보해 주었던 특전사 전력화 예산으로 구입한 장비들, 예를 들어 야간투시

경 같은 것을 장착하고 있었다.

섬뜩하고 기괴한 아이러니였다. 국가 방위를 위해 내가 예산 확보를 도와주어 구입한 그 장비가, 지금 민주주의의 심장을 겨누는 데에 사용되고 있었다. 국가의 가장 날카로운 칼이 국회의 목을 향하고 있었다.

내가 자신들의 정체를 어떻게 알고 있는지 당황스러웠던 것일까? 그 군인이 대치 상황에서 빠져나와 대답했다.

"누구십니까?"

"나 민주당 국방전문위원인데, 너희 이게 뭐 하는 거야? 거기 탄통에 탄 들어 있어?"

그는 당황하며 대답했다.

"예, 들어 있습니다."

상황이 보기보다 심각했다. 실탄을 보유한 특전사의 최정예 특수부대가 국회에 투입되었다는 것은 애당초 무력 진입을 염두에 두었다는 뜻이기 때문이었다.

나는 일단 내가 주운 탄창을 김민기 사무총장실에 보내고, 실탄이 든 탄통이 있었음을 언론사에 제보했다. 그리고 다시 몸싸움 현장에 합류했다. 단 한 명이라도 아쉬운 상황이었기 때문이다.

시간이 흐르며 상황은 더욱 긴박해졌다. 첫 번째 병력이 진입에 실패하자, 다른 병력이 추가로 진입을 시도했다. 동시에 두 개의 진입로로 침투하기 시작한 것이다. 우리가 한 쪽을 막고 있는 사이, 두 번째 병력이 국회 본관 다른 사무실(국민의힘 정책위 의장실) 창문을 깨고 들어왔다.

나중에 알고 보니, 헬기로 들어온 707부대는 두 개 조로 나누어 각각 본관과 의원회관으로 향했다. 그런데 본관에 투입된 첫 번째 병력이 밀리자, 의원회관으로 갔던 병력이 다른 경로로 본관에 침투한 것이었다. 김현태 707특임단장의 지시였으리라.

그때 한 당직자 선배로부터 연락이 왔다.

"당 대표님이 지금 의원회관에 계십니다. 지하 통로로 본회의장에 들어가셔야 하는데, 보호가 필요합니다. 얼른 와주세요!"

나는 곧바로 지하 통로로 향했다. 의원회관에서 본관으로 연결되는 통로 입구에서 보좌진과 당직자가 이재명 대표의 국회 본관 이동을 위해 상황을 보고하고 있었다.

우리는 이재명 대표를 모시고 국회 본회의장으로 향했다. 우리의 임무는 이재명 대표를 본회의장까지 무사히 호위하는 것이었다. 긴박한 순간이기 때문이었을까. 대표님은 말이 없었다.

707부대는 건물에 침투해 단수, 단전을 시도했다. 그들은 불을 끄고 곳곳의 통로를 찾아다니며 우리를 압박해 왔다. 숨바꼭질 같은 상황. 극도의 긴장감 속에서 한 걸음 한 걸음이 조심스러웠다.

'됐다!'

이재명 대표가 국회 3층 본회의장으로 뛰어 들어갔다. 그 장면은 유튜브 영상에도 고스란히 남아 있다. 우리 모두의 다급한 모습, 그리고 곧이어 계엄이 해제될 것이라는 믿음이 서린 표정과 함께. 나중에 안 사실이지만, 그로부터 4분 뒤 계엄군이 지하통로로 들이닥쳤다고 한다.

본회의장 문이 닫히고, 역사적인 순간은 찾아왔다. 2024년 12월 4일 새벽 1시 1분. 우원식 국회의장의 목소리가 본회의장에 울려 퍼졌다.

"재석 190인 중 찬성 190인의 만장일치로 비상계엄 해제 요구 결의안은 가결되었음을 선포합니다."

땅! 땅! 땅! 의사봉 소리가 국회에 울려 퍼졌다.

당시에는 경황이 없어 알지 못했지만, 나는 당시 이재명 대표가 SNS를 통해 시민들에게 국회로 모여 달라 호소했음을 알게 되었다. 단순한 요청이 아니라 나라를 지키기 위한 결연함이었다. 그것은 불법 비상계엄으로부터 국가를 지켜낸 시발점이었다.

그리고 시민들이 있었다. 뉴스를 보고, 휴대전화 너머의 다급한 소식을 듣고 본능처럼 이곳으로 달려온 절박함. 맨

몸으로 장갑차를 가로막고, 총구를 겨눈 군인들에게 "부끄럽지도 않냐!"며 호통치던 시민들. 그 무모하리만치 용감한 외침들이야말로 군인들의 방아쇠를 잠근 진짜 힘이었다. 국회가 법으로 막아 냈다지만, 계엄군의 물리력을 실질적으로 무력화시킨 건 저 국회 바깥의 평범한 시민들이었다.

나는 창밖으로 시선을 돌렸다. 거대한 물결이 국회를 감싸고 있었다. 민주주의의 새벽이 밝아 오고 있었다.

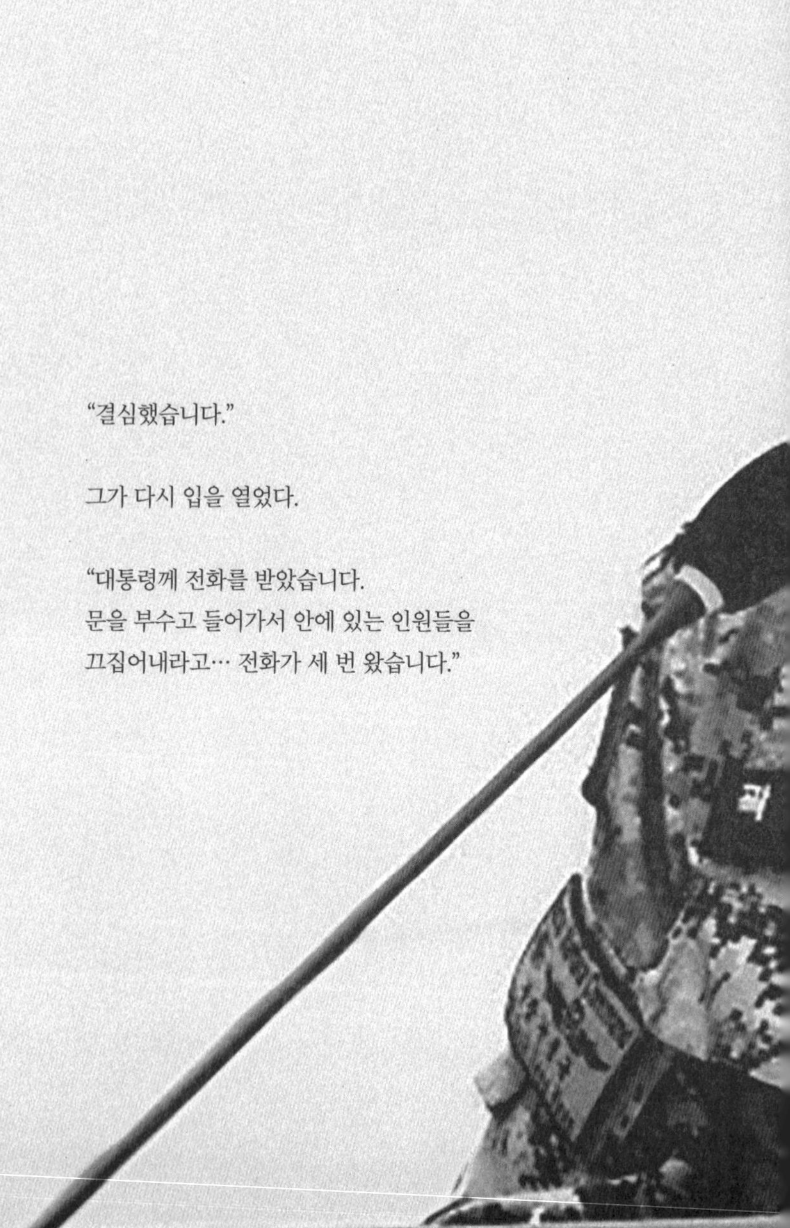

“결심했습니다.”

그가 다시 입을 열었다.

“대통령께 전화를 받았습니다.
문을 부수고 들어가서 안에 있는 인원들을
끄집어내라고… 전화가 세 번 왔습니다.”

비상계엄의 광풍이 휩쓸고 지나간 지 일주일 뒤.

12월 10일, 국방위원회 긴급 현안 질의가 있는 날 아침. 모든 것이 수면 아래에서 격렬하게 요동치고 있었다. 그때 한 민주당 소속 의원의 보좌관 A가 조심스럽게 나를 찾아왔다.

"전문위원님, 김현태 707특임단장이 제 사촌입니다."

그의 말에 따르면, 김현태 단장이 양심의 가책을 느끼고 있으며 진실을 밝힐 출구를 찾고 싶어하고 있었다. 그는 혼자가 아니었다. 그의 상관인 곽종근 특전사령관 역시 같은 번민의 시간을 보내고 있었다.(김현태 단장은 전날인 12월 9일 용산 전쟁기념관 앞에서 양심고백 기자회견을 했다.)

회의가 시작되기 전, 나는 국방위 긴급 현안 질의에 출석한 곽종근 사령관, 김현태 단장과 처음으로 인사를 나눴다.

국방위 전체 회의가 곧 시작될 시간이었기 때문에 우리는 짧은 인사만 나누고 금방 헤어졌다.

오전 긴급 현안 질의가 시작됐다. 나는 다른 무엇보다 곽종근 사령관의 표정과 태도를 놓치지 않고 관찰했다. 국회 침투와 관련된 질의가 나올 때 그는 명백히 불편한 기색을 보였다. 답변을 피하거나 모호하게 넘어가려는 그의 모습은 거대한 진실을 필사적으로 억누르고 있는 상태의 전형적인 모습이었다.

오전 질의가 거의 끝나갈 시간. 박범계 의원이 단도직입적으로 물었다.

"대통령으로부터 또 전화를 받았지요, 그렇지요? 사령관, 뭐라고 얘기했습니까, 대통령이?"

곽 사령관은 10초가 넘도록 입을 떼지 못했다. 그 침묵은 어떤 답변보다도 많은 것을 말해 주고 있었다. 나는 확신했다.

'이 사람은 무언가 숨기고 있다. 그러나, 모두 털어놓고 싶어 한다.'

◆ 12월 10일 국방위 긴급 현안 질의 속기록(오전)◆

박범계 위원 곽종근 사령관 나와 보십시오.

(전)육군특수전사령관 곽종근 예, 특전사령관입니다.

박범계 위원 아까 말이에요, 윤석열 대통령과 통화한 것에 대해서 '그 당시 상황은 그것으로 끝이었다' 이렇게 얘기했는데 대통령으로부터 또 전화를 받았지요, 그렇지요?

(전)육군특수전사령관 곽종근 ……

박범계 위원 사령관님, 전화 받으셨지요? 사령관님!

(전)육군특수전사령관 곽종근 그 사실도……

박범계 위원 받으셨지요?

(전)육군특수전사령관 곽종근 말씀드리기 제한됩니다.

박범계 위원 지금 한 10초간 말씀이 없다가 말씀드리기 제한된다, 받으셨지요? 한 번만 더 묻습니다, 제가 고함치기 전에. 그래야지 속죄가 됩니다. 곽종근 사령관, 받으셨지요?

(전)육군특수전사령관 곽종근 예.

박범계 위원 그 제한되는 내용이 뭡니까? 두 번째 전화 받은 내용이 뭡니까? 말씀하십시오. 부탁드립니다. 온 국민이 다 보고 있어요. 그것만이 곽 사령관의 책임이 그나마 감경될 수 있는 요소입니다. 뭐라고 대통령이 얘기했습니까?

(전)육군특수전사령관 곽종근 ……

박범계 위원 사령관, 뭐라고 얘기했습니까, 대통령이?

(전)육군특수전사령관 곽종근 말씀드리기 제한됩니다.

박범계 위원 사령관, 한 번만 더 부탁합니다. 두 번째 전화 왔을 때 뭐라고 했습니까?

(전)육군특수전사령관 곽종근 말씀드리기 제한됩니다.

박범계 위원 그 시간, 두 번째 전화 왔을 때 어디까지 가셨습니까,

사령관은?

(전)육군특수전사령관 곽종근 어디까지 가셨다는 게……

박범계 위원 어디 있었습니까?

(전)육군특수전사령관 곽종근 전투통제실에 있었습니다.

박범계 위원 들어가십시오. 책임이 별로 가벼워질 것 같지 않아요. 그러나 대통령의 또 다른 전화를 받았다는 점은 평가합니다. 들어가 세요.

질의가 이어지는 내내, 곽종근 사령관의 표정에 불안과 걱정, 번뇌가 시시각각 스쳐 지나가는 듯했다. 그것은 분명 양심 앞에 흔들리는 사람의 얼굴이었다. 오전 질의 시간이 끝나고 나는 아침에 나를 찾아왔던 A 보좌관에게 전화를 했다.

"식사 후에 차 한잔 할까?"

마침 그날은 모든 회의 참석자가 국회 본관 1층 식당에서 식사했기 때문에, 식사 후 함께 이동하는 데에 큰 제약이 없었다.

A는 곽종근 사령관과 김현태 단장을 본관 4층에 있는 빈 회의실로 데려왔다. 국방전문위원으로 오래 일했으나, 두 사람과 이렇게 대면하는 것은 처음이었다.

무거운 긴장감이 감도는 회의실.

나와 곽종근 사령관, 김현태 단장이 마주 앉았다. 내 옆에는 A 보좌관이, 곽 사령관 옆에는 김 단장이 침묵을 지키며 앉아 있었다.

"사령관님, 저 이상협 민주당 국방전문위원입니다. 저 아시죠?"

"네, 말씀 많이 들었습니다."

그의 부관은 나의 오랜 후배였다. 사령관은 이미 나에 대한 이야기를 익히 들어 왔을 터였다. 나는 우리 사이에 세워져 있는 경계의 벽을 한 겹 더 허물기 위해 다시 질문을 던졌다.

"제가 어떤 사람이라고 들으셨습니까?"

"군을 많이 아끼시고 의리가 있는 분이라고 들었습니다."

나는 그의 눈을 똑바로 보며 말을 이었다.

"사령관님, 오전에 박범계 의원님이 질의했을 때 왜 머뭇거리셨습니까? 사실 저희는 이미 구체적인 내용들을 많이 파악하고 있습니다."

나는 딱 거기까지 말했다. 압박하고 싶은 마음은 없었다. 나는 그저 그에게 진실을 향한 문을 열어 주고자 했다. 그리고 그 문을 통과할지 말지는 그의 선택에 달려 있었다. 곽 사령관은 한숨을 내쉬었다. 그 순간 옆에 있던 김 단장이 말했다.

"사령관님. 그냥 있는 그대로 진실을 말씀하시면 어떻겠습니까?"

  계엄의 밤, 민주주의의 새벽

곽 사령관은 10분만 시간을 달라고 했다. 군인으로서 자신의 인생과 부하들의 운명이 달린 결정을 내려야 하는 시간이었다. 나는 묵묵히 기다렸다.

"결심했습니다."

10분 뒤, 그가 다시 입을 열었다.

"대통령께 전화를 받았습니다. 문을 부수고 들어가서 안에 있는 인원들을 끄집어내라고… 전화가 세 번 왔습니다."

대통령의 직접적인 헌법 파괴 지시였다. 내란의 스모킹 건이 마침내 모습을 드러내는 순간이었다. 그는 윤석열의 전화 세 통 중 두 번을 받았고, 한 번은 일부러 받지 않았다고 했다.

나는 그의 증언이 지닌 파급력을 가늠했다. 국방전문위원 선에서 감당하거나 해결할 수 있는 문제가 아니었다. 이 사실을 오전에 질의했던 박범계 의원에게 알려야 한다고 판단했다. 판사 출신에 법무부 장관을 역임한 박 의원이라면 이 증언의 법적, 정치적 무게를 감당하고 처리할 수 있겠다고 생각했다. 곽 사령관에게도 이 점을 설명했다. 그리고 곧장 박 의원에게 전화했다.

"오전 질의 내용에 대한 결정적 진술이 있습니다. 지금 바로 오시는 게 좋겠습니다."

근처에서 식사 중이던 박 의원은 정말로 1분 만에 달려왔

다. 나는 세 사람이 마주 앉은 모습을 사진으로 찍었다. 반드시 기록되어야 하는 역사적 순간임을 직감했다. 이것이 바로 언론에 수없이 공개된 그 사진의 사연이다.

박 의원이 곽 사령관의 진술을 꼼꼼히 메모하며 듣는 동안, 나는 복도로 나가 부승찬 의원에게 전화했다. 국방위 민주당 간사인 부 의원이 박 의원과 함께 곽 사령관의 진술을 들을 필요가 있다고 판단했기 때문이다.

부 의원을 기다리는 동안 모 방송사에 연락해 긴급 취재도 요청했다. 보도의 시점을 고민할 필요는 있겠으나, 일단은 비공개로라도 지금 현장을 담아 놓아야 한다는 생각이었다.

박범계 의원은 곽 사령관과의 대화가 끝나자마자 상기된 표정으로 기자회견을 해야겠다고 말했다. 하지만 나는 부승찬 의원과 함께 그를 만류했다. 제보자인 곽 사령관이 이제 막 마음의 문을 열었는데, 그 내용을 듣고 곧장 기자회견을 진행하는 것이 과연 적절한지에 대한 우려가 있었다.

하지만 결국 박 의원과 부 의원은 국회 소통관에서 기자회견을 강행했다.

"조금 전 곽종근 전 사령관과 김현태 전 특임단장과 함께 대화를 나눴습니다. 곽종근 전 사령관의 양심고백이 있었습니다. (……) 국방위 전체회의가 속개하면 곽종근 사령관과 김현태 단장이 본인의 육성으로 자세히 설명드릴 예정입니다. (……) 바로 윤석열 대통령의 내란을 그대로 증명하는 그

런 내용입니다. (……) 얼마든지 우리 부승찬 간사님과 이상협 전문위원의 노력으로 (……) 현재 당장 곽종근 사령관과 김현태 단장을 이 (기자회견) 자리에 세울 수도 있으나, 현재 국방위의 증인으로 출석해 있는 상황에서 현안 질의 자리를 통해 전 국민이 보는 가운데 증언하는 것이 맞다는 판단으로 이 자리에 서지 않게 했습니다……"

나의 난처한 마음과는 별개로, 갑작스러운 기자회견에 곽 사령관이 상당히 당황해했다. 나는 곽 사령관을 위한 어떤 조치가 필요하다고 생각했다. 무엇보다 곽 사령관과 김 단장의 신변을 보호할 필요가 있었다.

"공익신고자이므로 곽 사령관과 김 단장을 제도적으로 보호해 줘야 합니다."

기자회견을 마치고 돌아온 박 의원과 부 의원은 내 제안을 수락했다. 부 의원이 보좌관을 통해 관련 서류를 준비했다. 당시 '명태균 게이트' 사건으로 공익신고자 보호 이슈가 크게 부각된 상황이었기 때문에 관련 서류를 쉽게 구할 수 있었다.

곽 사령관과 김 단장은 각자의 진술을 자필로 2장씩 작성하고 서명했다. 이후 나는 민주당 법률국장 출신인 변호사 선배의 도움을 받아 법적 절차까지 꼼꼼하게 챙겼다. 법률적으로 100% 효력이 있는 건 아니지만, 곽 사령관과 김 단장을 공익신고자로서 보호하기 위한 최소한의 안전장치는 마련된 것이다.

이제는 세상에 알릴 시간이었다. 진술 내용의 공개 시점을 고민했지만, 이미 박 의원의 기자회견으로 두 군인의 양심고백이 알려진 상황이었다. 언론 취재를 통해 진실이 국민에게 전달될 필요가 있었다. 곽 사령관도 여기에 동의했다. 나는 현장에서 기다리고 있던 방송사 취재팀을 안으로 들였다.

오후 질의는 저녁 무렵 속개됐다. 오전까지만 해도 수면 아래 잠겨 있던 진실은 더 이상 비밀이 아니었다.

◆ 12월 10일 국방위 긴급 현안 질의 속기록(오후) ◆

박범계 위원 점심을 먹고 여기 계신 곽종근 전 특전사령관이 보자고 해서 국회 모처에서 만났습니다. VIP 윤석열 대통령이 두 번째 전화를 해서 '국회 내에 있는 인원들—국회의원들을 말합니다—밖으로 끄집어내라. 문을 부수고 들어가서 끄집어내라. 의결정족수가 안 됐다, 아직.' 이렇게 지시를 내렸습니다. 이 점에 대해서 곽종근 사령관은 이렇게 되면, 문을 부수고 깨고 들어가면 사람들이 무수히 다치고 다 죽을 수도 있는데 이동 중지시키고 '현 위치 진입 금지. 가만히 있어라, 들어가지 마라' 이렇게 했다는 겁니다.

그리고 곽종근 사령관은 12월 3일 비상계엄 이전인 12월 1일 계엄에 대한 사전 내용을 알고 있었다는 겁니다, 어디로 가야 될 것인지. 그렇지만 공범이 될까 봐 차마 여단장들에게 얘기하지 못했다고 합니다. 곽종근 사령관은 '12월 1일 사전에 알았다'라는 이 점에 대해서 검찰에 진술하지 않았습니다. 이미 비상계엄 관련자들의 말이 맞춰져 있기 때문에 진술하지 않았다고 합니다.

오늘 저에게 공익신고를 했습니다. 본인이 '군형법상의 군사반란에 해당하는 죄를 지었다'라고 공익신고를 한 바 있습니다.

제가 첫 번째 질의가 돼서 곽종근 사령관에게 질의를 하고 싶었으나 질의 순서가 되지 않아서……

(발언 시간 초과로 마이크 중단)

· · · ·

(마이크 중단 이후 계속 발언한 부분)
이 점에 대해서 이따가 저희 위원님들이 차근차근 하나하나 곽종근 사령관에게 물어 주시면 좋겠습니다.

위원장님께서도 당파를 떠나서 오늘의 회의가 진실 규명을 위한 그런 회의니까 적극적인 공익신고 조치나 또는 곽종근 사령관에 대한 보호조치 이런 것들을 염두에 두시면 좋겠습니다. 그렇게 의사진행발언을 합니다.

이상입니다.

박 의원의 의사진행발언 이후, 공개적으로 곽 사령관의 정리된 답변이 나온 것은 아이러니하게도 국민의힘 의원의 질의 시간이었다.

◆ 12월 10일 국방위 긴급 현안 질의 속기록(오후) ◆

유용원 위원 아까 제가 윤 대통령님과 전화 통화한 부분에 대해서 추가로 한 게 없느냐고 여쭤봤을 때는 말씀 안 하시더니 존경하는 박 위원님이 질의하셨을 때는 '추가 통화가 있었다' 이런 말씀을 하셨더라고요. 그런데 지금도 말씀을 들으니까 당시 대통령께서 두 번째 통화 때 '문을 부수고 국회의원을 끌어내라' 이런 말씀을 하셨다는 얘기도 있는데 맞습니까?

(전)육군특수전사령관 곽종근 그렇습니다.

유용원 위원 구체적으로 어떤 말씀이 있으셨나요?

(전)육군특수전사령관 곽종근 제가 좀 설명을 드려도 되겠습니까?

유용원 위원 예.

(전)육군특수전사령관 곽종근 분명히 오전에는 제가 전화 거신 것은 있고 구체적인 사항은 말씀드릴 수 없다고 답변을 드렸습니다. 여러 가지 변명의 이유는 대지 않겠습니다. 제가 지금부터 말씀드리는 것은 제가 예하부대에 지시를 해서 투입한 이 사항에 대해서 오로지 제가 책임을 통감하고 있고 지겠다는 말씀을 드리면서 먼저 말씀을 드리겠습니다.

대통령께서 비화폰으로 제게 직접 전화를 하셨습니다. '의결정족 수가 아직 안 채워진 것 같다. 빨리 문을 부수고 들어가서 안에 있는 인원들을 끄집어내라'라고 말씀을 하셨습니다. 그 지시사항을 듣고 이것을 어떻게 해야 되나, 그래서 현장에 있는 지휘관들과 공포탄을 쏴서 들어가야 되나, 전기를 끊어서 못 하게 해야 되나 이런 부분들 에 대한 논의를 했었고 현장 지휘관은 '그것은 안 됩니다. 제한됩니 다'라고 저한테 분명히 얘기를 했고 저도 그 부분이 분명히 맞고 옳 다라고 판단을 했습니다. 설사 지시사항을 이행하기 위해서 들어가 게 되더라도 들어간 작전병력들이 나중에 법을 이행해야 되는, 범법 자가 되는 문제와 강제로 깨고 들어가면 너무 많은 인원들이 다치기 때문에 차마 그것은 옳지 않다고 판단했습니다. 그래서 '현 위치에 서 더 이상 안으로 진입하지 마라'라고 중지를 시켰습니다. 중지를 시키고 이동하는 상황을 보기만 하고 더 이상 작전하지 않도록 했습 니다.

이후에 01시 01분에 비상계엄령 해제되는 상황을 보고 제가 2분 정도 뒤에 그 상황을 인식했는데 01시 09분 부로 국회뿐만 아니고 각 지역에 전개했던 특전사 모든 부대들에 대한 임무를 중지시키고 안전지역으로 이탈을 시켰습니다. 이탈시킨 이후에 부대 복귀를 명 령하였습니다. 이것이, 당시에 제가 지휘 조치하면서 판단하고 조치 했던 사항을 솔직하게 말씀드렸습니다.

유용원 위원 그러면 그 조치사항에 대해서 대통령께 보고를 드렸습 니까?

(전)육군특수전사령관 곽종근 보고드리지 않았고 철수할 때 전임

국방부장관에게 현 상황을 설명드리고 철수한다고 말씀을 드리고 철수 지시했습니다.

유용원 위원 대통령과 두 번째 통화를 한 시간이 정확히 언제쯤입니까?

(전)육군특수전사령관 곽종근 시간의 차이는 있을 수 있는데 제 기억으로는 00시 30분부터 00시 40분 그 어간대가 됐던 것으로 기억합니다.

유용원 위원 이상입니다.

곽 사령관의 증언이 있기 불과 사흘 전인 12월 7일, 윤석열 대통령에 대한 1차 탄핵소추안은 의결정족수 미달로 허무하게 폐기됐다. 국민의힘은 비상계엄이 '경고성 계엄'이었을 뿐이라고 비호하였고, 정치적으로 교착 상태가 이어질 것이라는 전망이 팽배했다.

그러나 12월 10일 국회 본관의 작은 회의실에서 시작된 곽종근 사령관의 양심선언은 이 모든 판을 뒤흔들었다. 대통령이 직접 "문을 부수고 의원들을 끌어내라"라고 지시했다는 그의 증언은, 계엄이 내란이었음을 입증하는 '스모킹 건'이 되었다.

이 증언이 언론을 통해 공개되자 여론은 들끓었고, 이후 이어진 군인들의 증언은 일관된 진실을 향했다. 여론조사 결과 국민의 4분의 3이 윤석열 탄핵을 요구했다.[1] 탄핵을 주저하던 국민의힘 의원들조차 등을 돌릴 수밖에 없는 명분의 씨앗이 자라난 것이다.

이틀 뒤인 12월 12일, 야6당(민주당, 조국혁신당, 개혁신당, 진보당, 기본소득당, 사회민주당)의 공조로 2차 탄핵소추안이 발의되었다. 그리고 12월 14일, 탄핵소추안은 찬성 204표라는 압도적 수치로 가결됐다. 일부 국민의힘 의원들이 더 이상 내란을 비호하지 못하고 '이탈표'를 던진 것이다.

불과 며칠 만에 역사의 물줄기를 바꾼 힘, 그것은 바로 진실의 무게였다. 진실이 세상 밖으로 나와 역사를 움직였던 그날, 그 결정적 현장의 공기를 나는 결코 잊지 못할 것이다.

---

1 2024.12.13. MBC, '국민 10명 중 7명 "계엄은 내란…탄핵 찬성" 국정 지지율도 11% '최저'', 홍의표 기자

   계엄의 밤, 민주주의의 새벽

대통령(윤석열) 탄핵소추안

<table>
<tr><td>의 안
번 호</td><td>6448</td></tr>
</table>

발의연월일 : 2024. 12. 12.

발 의 자 : 박찬대・황운하・천하람
윤종오・용혜인・한창민
의원 등 190인

주   문

헌법 제65조 및 국회법 제130조의 규정에 의하여 대통령 윤석열의 탄핵을 소추한다.

피소추자

성   명 : 윤석열

직   위 : 대통령

탄핵소추의 사유

대한민국은 국민이 주인인 민주공화국이다(헌법 제1조). 주권자인 국민에 의해 선출된 대통령은 국가 원수이자 행정부의 수반으로서 국가의 독립과 영토의 보전 및 국가의 계속성과 헌법을 수

대한민국은 국민이 주인인 민주공화국이다(헌법 제1조). 주권자인 국민에 의해 선출된 대통령은 국가 원수이자 행정부의 수반으로서 국가의 독립과 영토의 보전 및 국가의 계속성과 헌법을 수호할 책무를 진다(헌법 제66조).

피소추자는 대한민국의 대통령인바, 2024. 12. 3. 22:30경 헌법과 법률에 위배하여 비상계엄을 선포하고 군과 경찰을 동원하여 국회를 봉쇄, 침입하여 헌법기관인 국회의 계엄 해제 요구권 행사를 방해하는 등 국회의 활동을 억압하였다. 헌법기관인 중앙선거관리위원회를 위법하게 침입하였을 뿐만 아니라, 국회의원, 정치인, 언론인 등의 불법체포를 시도하였다. 피소추자는 국헌을 문란할 목적으로 그 요건과 절차를 위반하여 비상계엄을 선포하고 무장한 군과 경찰을 동원하여 국회를 침입하는 등 국회와 국민을 협박하고 폭행하는 일련의 폭동을 일으킴으로써 대한민국 전역의 평온을 해하는 내란죄를 범하였다.

피소추자는 국민의 신임을 배반하고 헌법이 부여한 계엄선포권을 남용하여 국헌을 문란할 목적으로 정부, 군대와 경찰을 동원, 무장 폭동하는 내란죄(우두머리)를 저지름으로써 헌법을 수호할 책무를 버리고, 그 직무집행에 있어서 중대한 위헌, 위법 행위를 하였다. 피소추자는 내란죄(형법 제87조), 직권남용권리행사방해죄(형법 제

123조), 특수공무집행방해죄(형법 제144조) 등 범죄 행위를 통하여 국민주권주의(헌법 제1조) 및 대의민주주의(헌법 제67조 제1항), 법치국가원칙, 대통령의 헌법수호 및 헌법준수의무(헌법 제66조 제2항, 제69조), 권력분립의 원칙, 군인 및 공무원의 정치적 중립(헌법 제5조 제2항, 제7조 제2항), 정당제와 정당 활동의 자유(헌법 제8조), 거주 · 이전의 자유(헌법 제14조), 직업선택의 자유(헌법 제15조), 언론출판과 집회결사 등 표현의 자유(헌법 제21조), 근로자의 단체행동권(헌법 제33조), 국회의원의 불체포특권(헌법 제44조), 국회의원의 표결권(헌법 제49조), 헌법과 법률이 정하는 바에 의하여 국군을 통수할 의무(헌법 제74조 제1항), 국회의 계엄 해제 요구권(헌법 제77조 제5항), 헌법에 규정된 비상계엄 선포의 요건과 절차(헌법 제77조, 헌법 제89조 제5호, 계엄법 제2조 제2항 및 제5항, 계엄법 제3조, 계엄법 제4조, 계엄법 제11조 제1항) 등 헌법 규정과 원칙에 위배하여 헌법 질서의 본질적 내용을 훼손하고 침해한 것이다.

대통령이 그 직무집행에 있어서 헌법이나 법률을 위배한 때에는 국회는 탄핵의 소추를 의결할 수 있다(헌법 제65조 제1항). 피소추자의 위와 같은 위헌, 위법행위는 헌법수호의 관점에서 볼 때 헌법 질서의 본질적 요소인 자유민주적 기본질서를 위협하는 행위로서 기본적 인권의 존중, 권력분립, 법치주의 원리 및 의회제도 등을 기본요소로 하는 민주주의 원리의 위반임과 동시에 선거를 통하여 국민이 부여한 민주적 정당성과 신임에 대한 배반으로서 탄핵에 의한 파면 결정을 정당화하는 사유에 해당한다.

이에 피소추자를 대통령의 직에서 파면함으로써 헌법을 수호하고 손상된 헌법 질서를 다시 회복하기 위하여 탄핵소추안을 발의한다.

3부

—

누가 회유했는가

진실의 문을 열고자 망설이는 이들에게
조금이나마 힘을 보태 준 대가가
이토록 아프게 되돌아올 수 있는 것일까?

2024년 12월 9일, 김현태 707특임단장은 용산 전쟁기념
관 앞 기자회견에서 이렇게 말했다.

"김용현 장관이 국회의원을 끌어내야 한다고 명확하게
말했다."

그러나 불과 2개월 뒤 그는 말을 바꿨다. 윤석열 대통령
탄핵심판 6차 변론기일인 2025년 2월 6일, 헌법재판소 증
인석에 선 김현태는 입장을 번복했다.

"그런 지시는 없었습니다."

케이블타이에 대해서도 말을 바꿨다. 애당초 "인원 포박
용"이라고 했던 것을, 이제는 "문을 잠그는 용도"라고 증언
했다.

증언을 마치고 헌재를 나서는 김현태에게 기자들이 몰려
들었다.

　　　　　　　　　　　　　　　계엄의 밤, 민주주의의 새벽

"'의원 끌어내라는 지시를 받았다'는 곽종근 사령관 증언
에 대해 어떻게 생각하십니까?"

김현태는 짧게 답했다.

"곽종근 사령관은 거짓말할 분이 아닙니다."

그의 말은 모순이었다. 지시가 없었다면서, 동시에 곽종
근의 증언을 믿는다고 했다.

'왜 증언이 바뀐 거지?'

12월 10일 내가 곽종근 사령관과 김현태 단장을 만났을
때, 그들은 진실을 말하고 싶어 했다. 특히 김현태는 곽 사
령관에게 진실을 말하는 게 어떻겠느냐고 제안하기도 했다.
군을 지키고 부하를 살리겠다는 마음이 진심으로 느껴졌었
다. 그런데 헌재에서 김현태는 달라졌다. 무슨 일이 있었던
걸까?

일주일 뒤인 2025년 2월 12일, 국회 대정부질문. 국회 국
방위원장인 성일종 의원이 단상에 올랐다.

"오늘 저는 707특임단장인 김현태 대령을 공식적으로 불
러서 면담을 했습니다. 오늘 들은 답변은, 민주당 의원들한
테 완전히 이용당했다고 얘기를 했습니다."

'뭐라고?'

성일종 의원의 목소리가 높아졌다.

"12월 6일 김병주 의원, 곽종근 사령관에게 회유를 합니다. 5일 전후 김병주 의원, 곽종근 사령관에게 전화를 하여 항의 방문 형식으로 갈 테니 자연스럽게 위병소로 나오라 얘기를 합니다. 김병주 의원이 5일 질문도 미리 불러 주며 답변을 미리 준비시키고 6일 유튜브에 출연해서 원하는 답변들을 유도합니다."

여기서 끝이 아니었다.

"두 번째, 12월 10일 국방위 정회 시간에 박범계 의원, 곽종근 사령관 회유를 합니다. 이상협 민주당 전문위원이 먼저 만나고 또 회유를 시작한 후 부승찬 의원, 박범계 의원이 와서 곽종근 사령관을 1시간 30여 분 동안 회유를 합니다."

'내가, 회유를 시작했다고?'

얼토당토않은 말이었다. 당시 국방위가 정회되고 점심식사를 한 뒤 나는 김현태 단장의 사촌인 보좌관과 곽 사령관과 김 단장을 만났다. 나는 내 소개를 했고, 곽 사령관에게 박범계 의원의 질의에 왜 답변을 망설였는지 조심스럽게 물었을 뿐이었다.

진실을 있는 그대로 말하면 어떻겠냐고 제안했던 건 김현태 단장이었다. 나는 '10분만' 시간을 달라는 곽 사령관의 요청에 기다렸을 뿐이었고, 그가 결심하기까지 어떤 재촉도

　계엄의 밤, 민주주의의 새벽

언급도 하지 않았다. 곽 사령관의 증언은 나 홀로 감당할 만한 일이 아니었기에, 곽 사령관에게 질의를 했던 박범계 의원과 국방위 간사인 부승찬 의원을 부른 것, 이것이 전부였다.

성 의원의 발언은 계속됐다.

"박범계 의원이 사령관에게 답을 연습시키고 박범계 의원이 받아 적은 후 본인이 적은 문장을 그대로 하게 강요를 합니다. 곽 사령관에게 답변을 연습시키며 리허설을 진행합니다."

박범계 의원이 곽 사령관과 대화를 나누기 시작했을 때, 나는 박 의원이 그의 증언 내용을 빠뜨리지 않기 위해 메모하는 모습을 지켜봤다. 판사 출신, 법무부장관 출신다운 꼼꼼함이었다.

이 모습이 "답을 연습시키고", "본인이 적은 문장을 그대로 말하게 강요"하는 것으로 변질될 일말의 여지가 있는가? 게다가 리허설이라니?

본회의장이 술렁였다. 민주당 의원석 방향에서 누군가 소리쳤다.

"국방위원장님이 그러시면 좀 품격이 떨어지시지요!"

성 의원은 개의치 않고 말했다.

"민주당 의원이 김 모 변호사를 불러 변호사 조력 등 민주당에서 곽 사령관을 보호해 줄 테니 걱정하지 말라고 회유를 합니다. 박범계 의원이 공익제보자 추천도 해 주겠다고 얘기를 합니다. JTBC 방송이 마치 대기한 듯 바로 취재가 들어갑니다."

성 의원은 이 모든 것이 김현태 단장이 군 검찰에서 진술한 내용을 다시 한번 들려준 이야기라고 했다.

우리가 김 모 변호사를 부른 것은 곽 사령관을 공익신고자로서 보호하기 위한 초동 조치였다. 계엄을 선포하고 국회의원을 '수거' 대상으로 삼는 윤석열 정권이었기에, 진실을 증언하는 곽 사령관의 신변은 무조건 보호되어야 했다.

JTBC가 바로 취재에 들어간 건 당연하다. 곽 사령관의 증언을 있는 그대로 언론을 통해 국민에게 알려야 한다는 판단하에 내가 직접 취재 요청을 했으니 말이다. 무엇이 문제인가?

그날 저녁, 언론은 성 의원의 주장을 일제히 보도했다.

"성일종, '민주당이 곽종근 증언 회유' …… 국회 국방위원장을 맡고 있는 국민의힘 성일종 의원이 '김현태 707특임단장을 공식적으로 불러 면담한 결과, 더불어민주당이 탄핵 공작을 위해 곽종근 전 특전사령관을 회유한 정황을 확인했다'고 주장했다.”[1]

- MBC, 2025. 2. 12

“성일종 의원은 더불어민주당이 곽종근 전 육군특수전사령
관을 회유한 정황을 확인했다고 주장했으며, 김현태 707특임
단장과의 면담 내용을 공개했다. 12월 10일에도 박범계·부승찬
민주당 의원과 이상협 민주당 국방 전문위원이 곽 전 사령관을
1시간 30분간 회유했다고 강조했다.”[2]

- 이데일리, 2025. 2. 12.

이것으로 끝나지 않았다.

2월 17일, 국민의힘이 단독으로 개최한 국방위 전체회의
에서 김현태는 이렇게 말했다.

육군특수전사령부제707특수임무단장 김현태 12월 10일 처음 국
회에 왔을 때 식사를 하고 시간이 많이 남았는데 제가 아는 지인이

---

1 2025.2.2. MBC ,‘성일종 “민주당이 곽종근 증언 회유”···박범계·부승찬 “사
   실 아냐”’, 신수아 기자
2 2025.2.12. 이데일리, ‘성일종 “민주당이 곽종근 증언 회유”···박범계·부승찬
   “사실 아냐”’, 김관용 기자

민주당의 보좌관 한 명밖에 없었습니다. 그러다 보니까 제가 사령관님 좀 쉬게 방 하나만 협조해 달라 그래서 방을 협조했는데 그 이후에 민주당 국회의원 말고 전문위원이라는 분이 들어와서 사령관님과 한참을 얘기했습니다. 그때 '이미 대세는 기울었다. 민주당이 지켜 줄 것이다' 이런 말을 많이 했고 그런 와중에 (……) 그 위원이 연락을 한 것 같습니다. 그래서 민주당 두 의원께서 들어오셨습니다. 들어오셨고.

명백한 사실 왜곡이다. 김현태 단장은 '제가 아는 지인'이 민주당 보좌관이라고 거리를 두었지만, 지인이 아니라 '사촌'이다. 곽 사령관이 쉴 수 있게 방을 협조한 것이 아니라, 내가 A 보좌관에게 점심 식사 후 차 한잔 같이 하자고 연락하여 만나게 된 것이다. 그게 아니라면 내가 개인적으로나 공적으로나 알지도 못하는 곽 사령관과 김 단장을 어떻게 만날 수 있었겠는가?

'한참을 얘기했다'는 것도 사실과 다르다. 만나서 인사를 하고 짧게 얘길 나눈 것이 전부다. 또 민주당 두 의원, 즉 박범계 의원과 부승찬 의원을 만난 건 오전 질의 이후 점심 식사를 마친 뒤였다.

육군특수전사령부제707특수임무단장 김현태 (중략) 휴식 시간이 되었는데 위원 이야기를 여럿 듣고 하면서 사실 저도 사령관님께 말씀드렸습니다. '사령관님, 정말 그런 거면 오후에 박범계 위원님 질

   계엄의 밤, 민주주의의 새벽

문하실 때 답변하는 게 좋을 것 같기도 합니다' 이렇게 의견을 드렸고 그 이후에 박범계 의원이 들어오셔 가지고 여러 이야기를 나누었습니다. 나누면서 처음에는 권유식으로 '한번 얘기해 보세요' 이렇게 했는데 사령관께서 한번 얘기하시고 그때 박범계 의원께서 노란 메모지에 기록을 쭉 하셨습니다. 하시고 잠시 있다가 '한 번 더 해 보시겠어요?' 이런 식으로 요구를 했는데 사령관님께서 말한 게 본인이 적은 것하고 다르다, 아까 그것 아니었지 않냐 이런 식으로 말씀하시면서 본인이 메모한 것을 기준으로 다시 한번 이야기를 하시면서 이렇게 진행이 됐습니다.

내가 말한 대로다. 곽 사령관에게 '답변하는 게 좋을 것 같기도 하다', '한번 얘기해 보세요'라고 제안한 것은 김현태 단장이다.

육군특수전사령부제707특수임무단장 김현태 그러다가 또 박범계 의원 전화를 받고 변호사 한 명이 왔습니다. 그러면서 '이 변호사가 조력해 줄 것이다', 그래서 오후에 회의에도 배석을 했었고 그리고 그 와중에 또 민주당 의원께서 말씀하신 게 민주당 대표하는 다른 모 회사 부회장 전문 변호사라고 하면서 외국에서 들어오고 있다……

변호사가 들어온 것은 박범계 의원의 기자회견이 끝난

뒤 내가 곽 사령관 신변보호의 필요성을 주장하며 공익신고자 보호 절차를 진행했기 때문이다.

"전문위원이라는 분이 들어와서"라고 나를 특정했던 김 단장은 뒤에 이어진 한기호 의원의 질의에서는 "전문위원께서 하신 걸로 기억하는데 정확히 누가 했는지는 기억나지 않습니다"라고 말을 흐렸다.

한기호 위원 그런데 다시 한번 찍고, 찍고 다시 한번 또 찍고 이렇게 했던 거였네요. 그다음에 당시에 여러 가지 언론 보도 나온 것 이런 걸 보면 회유냐 아니냐 이게 하나의 이슈가 되고 있는데, 거기서 발언한 것 중에 단장님이 그런 얘기를 하셨어요. 그때 박범계 의원님과 민주당 위원님들이 들어와서 '이미 대세가 기울었다. 민주당이 끝까지 챙기겠다' 이런 얘기 했다고, 그렇지요?

육군특수전사령부제707특수임무단장 김현태 제 기억에는 전문위원께서 하신 걸로 기억하는데 정확히 누가 했는지는 기억나지 않습니다.

동일 회의 내에서 주체 특정마저 흔들린 자, 과연 내 눈을 보고 똑같이 얘기할 수 있을까? 진실의 문을 열고자 망설이는 이들에게 조금이나마 힘을 보태 준 대가가 이토록 아프게 되돌아올 수 있는 것일까?

부승찬 의원은 '김현태 단장의 진술이 오염됐다'고 주장했다. 나와 민주당이 아니라, 오히려 윤석열과 국민의힘을 이롭게 하고자 하는 누군가가 김현태를 회유했을 거라는 지적이었다. 나는 부 의원의 지적이 매우 신빙성 있다고 생각한다. 다름 아닌 바로 내가 박범계 의원과 부승찬 의원을 공익신고 자리에 직접 불렀고, 모든 상황을 직접 목격했으니까 말이다.

구속기소 상태였던 곽종근 사령관도 변호인을 통해 공개한 옥중 입장문에서 이렇게 말했다.

'민주당에 이용당하거나 회유당했다고 생각하지 않는다. 저는 지금까지 모든 것을 사실에 기초해 제 의사대로 판단하고 증언했다. 회유받은 사실도 없고, 답변 연습을 하지도 않았다.'

나는 특히 이 문장에서 시선을 떼기가 힘들었다.

'이러다가는 제 지시로 출동했던 부대원들이 모두 사법적 조치가 될 수 있겠구나라는 위기감이 들어서 제가 사실대로 진술해야 그들을 보호할 수 있겠다고 생각했다.'

곽종근 사령관뿐만이 아니라 다른 군인과 경찰들의 진술도 모두 한 방향을 가리켰다.

지난 12월 10일 곽종근 사령관과 대화를 나누며, 나는 그가 부하들을 진정으로 아끼는 지휘관임을 느꼈다. 그는 처음부터 끝까지 일관되게 '자신이 책임지면 되는데 내 부하들은 다치면 안 된다'는 말을 계속했다. 이런 군인이 또 있을까 싶을 정도로. 이런 의지가 결국 '자신의 부하들을 지키기 위해서라도 진실을 말해야겠다'는 결심으로 이어진 것 아니겠는가.

반면 김현태는 어떤 인물인가?

나는 그에 대해 잘 알지 못한다. 하지만 그가 보여준 모습을 통해 평가는 분명히 내릴 수 있다. 곽종근 사령관이 '부하를 지키는 것'을 고민한 사람이었다면 김현태 단장은 '자신이 살아남을 수 있는 방법'을 고민하는 군인이었다.

그의 이력을 보면, 김현태 단장은 대테러센터에서 근무한 뒤 윤석열 정권 당시 3차 진급으로 대령이 됐다. 진급이 늦은 케이스다. 그럼에도 707단장 보직을 맡는다는 것 자체가 흔치 않은 일이다.

차후에 보도로 밝혀졌지만, 윤석열이 2024년 8월경 충남 계룡대에 있는 군 골프장에서 골프를 친 적이 있다. 그때 골프 멤버 중에는 707특임단의 부사관들이 있었으며, 그 멤버들을 직접 고른 것이 바로 김현태 단장이었다. 보도에 따르면 김현태 단장은 "지난해(2024년) 6월 특전사에서 연락이 와 '대통령이 휴가 때 부대원과 골프를 친다고 하니 2배수를 추천하라'고 했다"고 진술했다. 대통령이 오기 두 달 전

　　　　　　　　　　계엄의 밤, 민주주의의 새벽

부터 윤석열의 휴가에 맞춰 골프 모임을 준비하고, 게다가 골프에 참여할 멤버들과 스크린 골프도 같이 치며 이들의 실력까지 직접 점검했다는 것이다.

나는 처음에 김현태 단장이 양심의 가책을 덜기 위해 공익제보를 하고자 한 것이라고 생각했다. 하지만 이후 그의 행보와 이전의 행적들은 결국 그것이 보신을 위한 행동이었고, 그가 보신을 위해서는 얼마든지 입장을 번복할 수 있는 사람임을 보여주는 게 아닌가 하는 생각이 든다.

그러면, 김현태와 국민의힘이 주장하는 회유설은 과연 진실일까?

'회유'란 사실을 사실이 아니게 말하도록 유도하는 행위다. 그런데 사실을 사실대로 말하도록 배려한 나와 박범계, 부승찬 의원이 했던 일이 어떻게 '회유'가 될 수 있는가?

'회유'는 오히려 국민의힘에서 벌인 것이 아닐까?

검찰은 법원의 증인을 별도로 불러 진술을 듣지 않는다. 진술이 오염될 가능성 때문이다. 재판부도 진술 오염 가능성이 있는 사람을 증인으로 채택하지 않는다.

그런데 성일종 국회 국방위원장은 김현태 단장을 자신의 방으로 불렀다. 국방위원회 차원이 아닌 개인적으로 불러 면담을 실시한 것이다. 증인의 발언을 오염시키기 위한 부적절 행위로 밖에 볼 수 없다. 앞선 성일종 의원의 대정부질문 발언은 이 부적절한 회유 면담으로부터 파생된 것이다.

김현태 단장의 사례뿐만이 아니다. 윤석열 탄핵 재판을 앞두고, 김용현 전 국방부장관 측 변호인은 이진우 전 수방사령관과 여인형 전 방첩사령관을 여러 차례 접견한 것으로 보도됐다. 이 또한 명백한 회유 정황이다.

회유 정황은 또 있다. 국방위원회는 2024년 12월 5일 전체회의를 열고 12.3 계엄 관련 긴급 현안질의를 했다. 그런데 정작 국회에 병력을 투입한 핵심 인물인 특전사령관, 수방사령관, 방첩사령관은 출석하지 않았다. 그 이유는 무엇이었을까?

성일종 국방위원장과 국민의힘 소속 몇몇 국방위원들이 이들의 출석을 막은 탓이다. 이것이 바로 국민의힘이 내란 동조 세력이라는 비판을 받는 여러 이유 중 하나다.

당시 국방위 소속 민주당과 조국혁신당 위원들의 공동기자회견문 전문을 첨부한다.

<'707특임단장 회유' 성일종 위원장 사퇴 촉구>

-성일종 국회 국방위원장은 김현태 특수전사령부 707특수임무단장을 자신의 방으로 불렀다. 명백한 회유 정황이다. 이에 국회 국방

위원회 민주당·조국혁신당 소속 위원들은 성일종 의원의 공식 사과와 위원장직 사퇴를 촉구한다!

김현태 특수전사령부 707특수임무단장은 내란 혐의 국정조사특별위원회 청문회와 헌법재판소의 윤석열 탄핵 심판 관련 핵심 증인이었습니다. 그런데 성일종 국회 국방위원장은 김현태 단장을 자신의 방으로 불렀습니다. 국방위원회 차원이 아닌, 개인적으로 불러 면담한 겁니다. 이는 증인의 발언을 오염시킬 수 있는 매우 부적절한 행위입니다. 있을 수 없는 일입니다. 명백한 회유 정황입니다.

예를 들어 검찰도 법원에서 증언했던 사람을 따로 불러 진술을 듣는 행위는 하지 않습니다. 진술이 오염될 수 있다는 오해를 받을 수 있기 때문입니다. 재판부 역시 이처럼 오염 가능성이 있는 사람을 증인으로 채택하지는 않습니다.

이에 민주당·조국혁신당은 김현태 단장을 내란 혐의 국정조사특위 청문회에 또다시 부르는 것에 대해 반대합니다. 청문회를 윤석열의 궤변을 늘어놓는 정쟁의 장으로 만들려는 시도이기 때문입니다.

게다가 성일종 국민의힘 의원이 어제(12일) 대정부질문에서 언급한 '곽종근 회유' 주장은 명백한 '거짓'입니다. 핵심 증인인 김현태 단장을 자신의 방으로 부른 성일종 의원이야말로 '회유' 행위를 한 건 아닌지 심히 의심스럽습니다. 또 윤석열 탄핵 재판을 앞두고 김용현 측 변호인은 이진우 전 수방사령관과 여인형 전 방첩사령관을 여러 차례 접견한 것으로 보도됐습니다. 이 또한 명백한 회유 정황으로 보입니다.

이처럼 '회유'는 민주당이 아니라 국민의힘 측이 하고 있습니다. 국민의힘은 윤석열의 터무니없는 '내란 프레임', '탄핵 공작' 주장을 그대로 답습하고 있습니다. 내란수괴 윤석열의 지령을 받아 이행하는 '충성스러운 개'가 된 것입니까? 국민의힘은 '민주당의 홍장원·곽종근 회유설' 확산에 급급한 모습입니다. 이런 행태는 12.3 내란계엄에 대한 명백한 '물타기' 시도입니다.

앞서 국회 국방위원회는 지난 12월 5일 전체회의를 열고 12.3 계엄과 관련한 긴급 현안질의를 했습니다. 그러나 국회에 병력을 투입한 핵심 특수전사령관과 수방사령관, 방첩사령관은 출석하지 않았습니다. 이에 민주당·조국혁신당 소속 위원들은 그 자리에서 유감을 표한 바 있습니다.

그 후 알아보니 성일종 국방위원장과 국민의힘 소속 몇몇 국방위원들이 곽종근, 이진우 등 핵심 사령관들의 출석을 막았습니다. 사령관들이 국민께 진실을 말할 기회를 잃은 것입니다.

이에 김병주·박선원 의원은 12월 5일 국방위에 출석하지 못한 곽종근·이진우 사령관에게 민주당 국방위원 자격으로 12월 6일 항의 방문하겠다고 통보했습니다.

당시 상황은 '2차 계엄' 가능성으로 국민의 불안감이 상당히 컸습니다. 12.3 계엄 당일 병력을 투입한 특전사, 수방사를 찾아 "2차 계엄에 참여하지 않겠다"는 답변을 듣고 국민께 안정감을 드려야 했습니다. 이는 국민의 대표인 국회의원이자, 국회 국방위원으로서 마땅히 해야 할 일입니다.

반면 국민의힘은 무엇을 했습니까? 진실 규명은 뒷전이고, 도리어 훼방을 놓고 있습니다. 국민의 대표인 국회의원으로서 책임을 방기하고 있습니다. 국민을 향한 가해자, 즉 내란수괴 윤석열의 거짓 주장에 동조하고 있습니다. 이런 국민의힘의 행태에 대해 거듭 강력한 유감을 표합니다.

내란은 아직 끝나지 않았습니다. 내란동조세력의 '거짓 프레임'에 말려들 이유도, 시간도 없습니다. 민주당·조국혁신당 소속 국방위원들은 끝까지 최선을 다해 내란세력과 싸워 이기겠습니다.

거듭 강조합니다. 성일종 국방위원장은 그동안 12.3 계엄에 대한 진실 규명에 뒷전이었습니다. 도리어 방해하기에 급급했습니다. 이미 내란 혐의 국정조사특별위원회 청문회와 헌법재판소의 윤석열 탄핵 심판에서 증언을 마친 증인을 자신의 방으로 불러 회유하려고 했습니다. 매우 부적절한 행위입니다. 성일종 위원장은 즉각 국민께

사죄하고, 위원장직에서 사퇴하십시오!

2025.2.13.

국회 국방위원회 민주당·조국혁신당 소속 위원 일동

김민석 김병주 박선원 박찬대 부승찬

안규백 조승래 추미애 허영 황희 백선희

4부

징후들 – 괴담이 현실이 되다

인사로부터 시작된 징후들은
모두 한곳을 가리키고 있었다.

2024년 8월 21일, 더불어민주당 최고위원회. 무거운 침묵을 깨고 김민석 수석최고위원이 마이크를 잡았다. 그의 입에서 나온 단어들은 귀를 의심케 했다.

"저는 박근혜 탄핵 국면에서 계엄령 준비서(準備書)의 정보를 입수해서 추미애 당시 대표에게 제보했던 사람 중 하나입니다. 박 정권이 강력히 부인했지만, 결국 사실로 드러났습니다. 지난 총선 때는 국정원 공작 준비를 미리 경고했었고, 이번 국군정보사 기밀 유출을 밝혀냈었습니다.

집권 경험이 있는 수권정당 민주당의 정보력을 무시하지 마십시오. 차지철 스타일의 야당 입틀막, 국방부장관의 갑작스러운 교체와 대통령의 뜬금없는 반국가세력 발언으로 이어지는 최근 정권 흐름의 핵심은 국지전과 북풍 조성을 염두에 둔 계엄령 준비 작전이라는 것이 저의 근거 있는 확

     계엄의 밤, 민주주의의 새벽

신입니다.

(……)

탄핵 국면에 대비한 계엄령 빌드업 불장난을 포기하기 바랍니다. 계엄령 준비 시도를 반드시 무산시키겠습니다. 유신독재와 부마항쟁, 5.18을 딛고 일어난 21세기 최고 민주 국가 대한민국에서 조잡하게 계엄령 따위는 꿈도 꾸지 마십시오. 국가와 민생보다 정권과 대통령 가족의 안위를 먼저 생각하면 경제가 더 어려워지고 시장만 불안해집니다. 지금은 정권 보위 계엄이 아니라 민생회복 경제 긴급조치를 고민해도 모자랄 시점입니다. 정신 차리십시오.”

처음으로 ‘계엄’이라는 단어가 공적 자리에서 육성으로 세상에 나온 순간이었다. 여의도 정가는 술렁였다. 여당인 국민의힘은 즉각 반응했다. ‘황당한 음모론’, ‘막말 괴담’이라며 맹비난을 퍼부었다. 여론은 반신반의했다. 2024년 대한민국에서 계엄이라니, 마치 철 지난 납량 특집 드라마의 소재처럼 비현실적으로 들렸기 때문이었다.

솔직히 고백하건대, 나 또한 김민석 의원의 말이 정치적 수사일 것이라 짐작했다. 그래야만 한다고 생각했다. 나는 대한민국 국군 시스템의 톱니바퀴가 어떻게 맞물려 돌아가는지 누구보다 잘 알고 있는 사람이기 때문이다. 국방부장관 정책보좌관, 민주당 국방·정보위 전문위원 등 15년 넘게 국방 분야라는 한 우물만 팠다. 30대와 40대를 온전히 대한민국 국방 정책과 함께 보낸 셈이다.

　내가 경험하고 파악한 대한민국 군대는 철저한 문민통제 시스템 아래 있었다. 과거 군사독재 시절과는 달랐다. 군령권과 군정권의 견제, 국회의 감시, 그리고 무엇보다 군인들의 의식이 변했다.

　군사독재 시절과 달리 지금의 군인들은 민주사회에서 태어나 교육받았고, 이들에게 민주주의는 공기처럼 자연스러운 것이다. 까라면 무조건 까는 것이 아니라, 잘못된 명령에는 의문을 가진다. 요즘 군대의 환경은 또 어떤가? 전 장병이 스마트폰을 쓰고, 부조리가 있으면 실시간으로 제보한다. 50만 장병의 눈을 어떻게 속일 수 있단 말인가.

　이것이 소위 전문가들의 상식이었고, 나 또한 그 상식의 틀 위에 서 있었다. 물리적으로나 시스템적으로 쿠데타나 친위 계엄은 불가능에 가깝다는 확신, 그것은 우리 사회와 군에 대한 굳건한 신뢰이기도 했다.

　그러나 그 신뢰는 결과적으로 철저히 배반당했다. 나는 '시스템'은 알았지만, 그 시스템을 파괴하려는 자들의 '광기'는 계산에 넣지 못했다. 법과 제도가 아무리 촘촘해도, 그것을 운용하는 최고 권력자가 헌법을 짓밟는 광기를 품었을 때, 시스템은 허무하게 무력화될 수 있었던 것이다.

　　　　　계엄의 밤, 민주주의의 새벽

‘설마’ 했던 경고가 ‘현실’의 공포로 다가왔을 때, 내가 느낀 감정은 충격, 그리고 뼈아픈 각성이었다. 한편으로, 합리적 예측을 비웃듯 상식을 짓밟고 들어온 저 불청객들을 막아내야 한다는 절박함이 밀려왔다.

2024년 12월 3일, 비상계엄 선포 소식을 듣자마자 내가 뒤도 돌아보지 않고 국회로 ‘날아갔던’ 것은 그 때문이었다. 국방 전문가이기 이전에 한 시민으로서, 무너져 내리는 내 나라의 상식을 지켜야 한다는 본능이었다.

상식이 무너졌던 그 순간의 충격을 다시는 느끼고 싶지 않다. 그러므로 내가 남기려는 이 글은 단순한 목격담이 아니다. 시스템이 붕괴된 폐허 위에서 광기에 맞서 다시 상식을 세우려면 무엇을 경계해야 하는지 짚어 보자는 간절한 제언이며 다짐이다.

첫 번째 징후 : 방첩사 장악

나는 15년 간 국방 분야에서 일하며 국방부와 군의 수많은 인사를 봐 왔고, 무수한 정책 변화를 지켜봤다. 그러나 2023년 가을부터 군에서 벌어진 인사는 확연히 달랐다. 인사로부터 시작된 징후들은 한곳을 가리키고 있었다.

2023년 11월 6일. 당시 대통령경호처장이었던 김용현의

영향력 아래, 여인형 중장이 국군방첩사령관(이하 '방첩사'라 한다)으로, 소형기 소장이 참모장으로, 김철진 준장이 기획관리실장으로 임명됐다.

나는 이 소식을 처음 접했을 때 고개를 갸우뚱했다. 방첩사의 핵심 보직 3개가 모두 외부 인사로 채워진 것이다. 전례가 없는 일이었다. 사령관은 외부에서 임명되어도 참모장과 기획관리실장은 내부에서 승진하는 것이 고도의 직무 전문성이 필요한 방첩사의 일반적 인사 관행이었다. 조직 내에서도 '의외'라는 반응이 나왔다.[1]

'왜 굳이 외부 인사로?'

특히 김용현의 측근인 김철진 대령이 방첩사 기획관리실장으로 파견된 것이 눈에 띄었다. 그는 국방부장관 보좌관실에서 실무자, 총괄장교, 과장을 거치며 '장관 비서 전문 과정'을 밟아 온 인물이었다.

'경호처장이 왜 방첩사 인사에 관여하는 거지? 뭔가 이상한데?'

---

1 2024.12.9. 한국일보, ''방첩사' 장악해 계엄 빌드업… '용현파' 1년 전부터 軍 요직 꿰찼다', 김경준 기자

(JTBC, 24. 12. 7. [단독] 민주 "김용현이 평양 무인기 기획"…'계엄 명분 만들기' 의혹 보도)

(JTBC, 24. 12. 7. [단독] 민주 "김용현이 평양 무인기 기획"…'계엄 명분 만들기' 의혹 보도)

물론 표면적으로 경호처장이 군 인사에 직접 관여했다는 물증이 있는 것은 아니었으므로, 명확한 위법으로 보기는 어려웠다. 그때까지는 '이상하다'는 느낌이 들 뿐이었다. 이

'이상한' 인사에 대한 의문이 풀리기까지 1년여 시간이 걸렸다.

방첩사는 계엄이 실행되면 합동수사본부를 지휘하며 모든 정보를 관장하는 무소불위의 권력을 행사한다. 12·12 군사 쿠데타 당시 전두환이 맡았던 보안사령관이 바로 현 방첩사령관과 같은 역할이었다. 윤석열은 계엄 선포 후 방첩사의 역할을 염두에 두고, 미리 자신의 수족들로 방첩사를 장악해 놓고자 했던 것이다.

두 번째 징후 : 갑작스러운 장관 임명

2024년 9월. 김용현 경호처장이 국방부장관에 취임했다. 신원식 전 국방부장관은 갑작스레 국가안보실장으로 자리를 옮겼다.

'지금? 왜?'

보수언론조차 '그 의도를 이해할 수 없는 갑작스러운 인사'라고 평가했다. 경호처장에서 바로 국방부장관으로 가는 것은 통상적인 경로라고 할 수 없기 때문이었다.

12.3 불법 계엄 이후, 수사를 통해 밝혀졌듯이 김용현을 국방부장관 자리에 앉힌 것은 사전에 계산된 수순이었다. 그는 대통령 경호처장으로 근무할 때부터 계엄을 염두에 두

                                    계엄의 밤, 민주주의의 새벽

고 군 인사와 실무 사전 준비를 실행해 왔던 인물이었다.

김용현 국방부장관 내정자에 대한 인사청문회에서 민주당 의원들은 계엄 의혹을 제기했다. 당시만 해도 '혹시나' 하는 마음이었을 것이다. 설마 21세기 대한민국에서 계엄이?
김용현은 강하게 부인했다.
"거짓 선동하고 정치 선동하는 자리가 아니다. 지금 대한민국 상황에서 과연 계엄을 한다면 어떤 국민이 이를 용납하겠나."
그의 목소리는 단호했다. 너무 단호해서 오히려 기억에 남았다.

'왜 저렇게 강하게 부인하지?'

세 번째 징후 : 무인기와 말 바꾸기

2024년 10월. 북한은 한국 무인기의 평양 침투를 주장했다. 김용현 장관은 국정감사에서 "그런 적 없다."라고 부인했다가 1시간 뒤 "확인해 줄 수 없다."라고 입장을 번복했다.
장관이 답변을 거부하거나 거짓말을 하는 건 봤어도, 1시간 만에 말을 바꾸는 건 신선했다. 국방부장관의 발언은 군 통수와 직결되기 때문이다. 말이 바뀐다는 것은 곧 내부 혼선이 심각하다는 뜻이다. 분명히 무언가를 숨기고 있었다.

네 번째 징후 : 원점타격 지시

보도에 따르면 2024년 11월 17일, 국방부장관 김용현은 '적 오물풍선이 군사분계선을 넘을 시 원칙적으로 경고사격을 하고, 북한이 화기 도발을 하면 지체 없이 원점을 타격하도록 하라'는 대응 계획을 하달했다.

오물풍선에 원점타격? 나는 소름이 돋았다. 이명박·박근혜 정부 때도 북한에서 오물풍선이 날아왔지만, 경고사격으로 대응한 적은 단 한 번도 없었다. 그것은 전쟁으로 비화할 수 있는 위험한 선택이기 때문이다.

다음 날 저녁에는 김용현 장관 주관으로 서울 용산구 합참 전투통제실에서 원점타격 관련 전술 토의가 열렸다. 이 자리에는 김명수 합참의장 등 합참 지휘부와 정보·작전 책임자, 국방부 실·국장 등 20~30여 명이 참석했다.

내란특검 수사 결과에서 드러난 사실인데, 김용현 장관은 이 자리에서 이승오 합참 작전본부장에게 다음과 같이 지시했다.

"다음 오물풍선이 오면 나에게 '상황 평가 결과 원점타격이 필요하다'고 보고해라. 그러면 내가 지상작전사령부에 지시하겠다."

그리고 이렇게 덧붙였다.

(JTBC, 24. 12. 7. [단독] 민주 "김용현이 평양 무인기 기획"…'계엄 명분 만들기'
의혹)

"내가 지시한 것을 김명수 합참의장에게 보고하지 말라."

합참의장을 배제하라는 것은 군 명령 체계의 근간을 흔
드는 지시다.

다행히 이승오 작전본부장은 이 지시를 따르지 않고 김
명수 합참의장에게 보고했다. 합참은 비상대응책을 마련했
다. '김용현 장관의 지시가 내려올 경우 화상회의를 끊고 결
심지원실로 이동한 후 안보실과 공유하자'는 내용이었다.
김명수 합참의장이 김용현 장관의 원점타격 지시에 반대하
자 김용현 장관은 그를 크게 질책했으나, 이승오 합참 작전
본부장도 반대해 실제로는 실행되지 않았다고 한다.

원점타격 명령은 무엇을 의미하는가? 김용현은 북한의

반격을 유도하려 했다. 전방에서 군사적 충돌이 발생하면? 계엄의 명분이 된다.

다섯 번째 징후 : 장성 인사

2024년 11월, 계엄 선포 일주일 전. 하반기 장성 인사가 단행됐다. 그런데 이상했다. 해군과 공군, 해병대는 중장 진급자가 있었으나 장군 숫자가 가장 많은 육군에서는 중장 진급자가 한 명도 없었다.

당시 박안수 육군참모총장은 중장 진급 인사로 세 명을 내정했으나, 김용현 장관이 이를 거절했다고 한다. 왜일까?

중장급 인사가 단행되면 여인형 방첩사령관, 곽종근 특전사령관, 이진우 수방사령관 등의 보직이 모두 바뀔 가능성이 있었다. 이들은 나중에 비상계엄에서 중추적인 역할을 맡게 된다.

김용현은 자신이 목적을 달성하는 데 필요한 사람들을 주요 보직에 소위 '세팅해 놓은' 그대로 두려 했던 것이다.

한편 방첩사 기획관리실장으로 있던 김철진 대령은 준장으로 진급, 김용현 장관의 군사보좌관으로 복귀했다. 방첩사에서 장관 보좌관으로 인사 발령이 난 것은 최초였다. 즉, 방첩사와 국방부장관 간 소통 창구가 필요했던 것이다. 김용현은 방첩사 핵심 보직인 기획관리실장으로 보냈던 김철진을 1년여 만에 다시 곁으로 불렀다. 그렇다면 '때'가 다가온 것이다.

여섯 번째 징후: 방첩사의 대응 지침

2024년 11월 28일 야간부터 29일 오전, 북한이 32번째 오물풍선을 띄웠다. 김용현 장관은 합참에 원점타격 지시를 하였으나 합참의장을 비롯한 작전본부장은 국지전을 우려해 반대 입장을 표명하였다.[2]

그러자 김용현 장관은 '본인이 지시하면 원점타격이 곧바로 이뤄질 수 있도록 절차를 간소화하는 방향으로 지침을 재작성하라'고 지시했다고 한다. 그럼에도 합참의장과 작전본부장 등의 반대가 이어지자 충암파(같은 고교 동문) 출신인 여인형 방첩사령관에게 대응 지침을 마련할 것을 지시하였다.

같은 날 방첩사는 군 내부 메신저를 통해 '적 오물 쓰레기 풍선 관련 사령부 대응 지침'을 간부들에게 전파했다. 이 지

---

2 2025.7.20. 서울신문, '"내란특검 '北 오물풍선 원점타격'도 조사…관련 자료 확보"', 하종민 기자

침은 북한 도발에 따른 군의 준비태세를 3단계로 구분했다:

1단계 : 적 오물풍선 부양 시
2단계 : 아군 전방(수도) 군단 경고사격 시
3단계 : 적 역대응에 따른 아군 측 피해 발생 시

방첩사 지침에 따르면 우리 측 경고사격은 2단계, 북한 화기 도발은 3단계 상황에 해당했다. 북한의 보복으로 3단계 조건이 충족되면 국지전으로 상황이 확대될 가능성이 있었다.

곽종근 전 특수전사령관은 나중에 헌법재판소에서 이렇게 증언했다.

"전방에서 뭔가 군사적 상황이 생겨 경계태세가 격상되고, 경계태세가 격상되면 민과 관련된 피해가 확대돼 통합방위사태가 선포되고, 여기에 시위나 이런 것이 더 격화하면 그것이 결국은 계엄령이 선포돼 군사적인 상황으로 개입되는 일련의 절차를 가장 고민하며 염두에 두고 있었다."

계엄을 위한 시나리오는 다음과 같았다.

북한의 오물풍선 → 경고사격 → 북한의 반격 → 원점타격 → 국지전 확대 → 통합방위사태 → 사회 혼란 → 계엄 선포

요컨대, 김용현은 2023년 11월부터 방첩사를 장악하기 시작했다. 그리고 2024년 9월 국방부장관에 취임한 이후 평양 무인기 침투, 오물풍선 원점타격 지시 시도 등을 통해 북한의 공격을 유도하여 계엄 명분을 만들려 했다. 하지만 김용현의 시나리오는 작동하지 않았다. 북한발 위기는 만들어지지 않았다.[3] 천만다행이라고 할 수밖에 없다.

무인기와 원점타격, 경고사격 등 계엄을 위한 빌드업이 계획대로 되지 않자 윤석열 정권이 택한 마지막 명분은 무엇이었을까? 바로 국회의 예산심사와 탄핵이었다. 민주당이 합법적으로 행사한 이 권한들은 '종북 세력의 국회 장악'으로 둔갑했다. 이를 빌미로 12월 3일 오후 10시 23분, 윤석열 대통령이 비상계엄을 선포했다. 김용현 전 국방부장관이 윤 대통령에게 비상계엄을 건의한 것으로 확인됐다.

설마가 사실로 확인되는 과정

이상의 징후들에 대한 나의 의혹 제기는 결국 특검의 수사를 통해 대부분 사실로 드러났다. 불법 비상계엄은 우발

---

3 2025.11.17. MBC, "'평양 무인기' 공개 직후 윤석열-김용현 '비화폰' 통화", 손하늘 기자

적 사건이 아니었다. 적어도 1년 이상 치밀하게 준비된 내란
이었다. 이 기록을 남기는 현재, 김용현, 여인형, 노상원 등
계엄 핵심 인물들은 내란죄와 이적죄 등으로 고발되어 특검
수사가 진행 중이다.

2025년 11월 10일 내란특검 브리핑으로 이 기록을 마친
다.

특검은 특검법 제2조 1항 제8호에 규정된 수사 대상인 12.3 비상계
엄과 관련하여 **무인기, 평양 침투 등의 방법으로 북한의 공격을 유
도하여 전쟁 또는 무력 충돌을 야기하려 하였다는 범죄 혐의** 및 이
를 통하여 비상계엄 선포를 하는 방법으로 내란 군사 반란을 시도하
였다는 범죄 혐의 사건 수사 결과 금일 윤석열 전 대통령, 김용현 전
국방부 장관, 여인형 전 방첩사령관을 일반 이적 및 직권남용, 권리
행사 방해죄로 공소를 제기하였습니다.

김용현 전 국방부 장관도 김용대 전 드론작전사령관과 함께 위계 공
무집행 방해, 허위 공문서 작성 교사죄 등으로 공소를 제기하였습니
다. 피고인 **윤석열, 김용현, 여인형이 공모하여 비상계엄을 선포할
수 있는 여건 조성을 목적으로 남북 간 무력 충돌 위험을 증대**시키
는 등 대한민국의 군사상 이익을 저해하였다는 것입니다.
특검은 포렌식 작업을 통해 여인형의 핸드폰에서 메모를 발견하였
습니다.

2024년 10월 18일

단기간에 효과를 볼 수 있는 천재일우의 기회를 찾아서 공략해야 합니다. 불안정 상황을 만들거나 또는 만들어진 기회를 잡아야 합니다. 체면이 손상되어 반드시 대응할 수밖에 없는 타겟팅. 평양, 원산 외국인 관광지, 김정은 휴게소.

10월 23일

목적과 최종 상태 - 미니멈, 안보 위기

풍선, 드론, 국지포격

적의 전략적 무력 시위시, 이를 군사적 명분화 할 수 있을까?

10월 27일

포고령 위반 최우선 검거 및 압수수색

11월 5일

적 행동이 먼저임

전시 또는 경찰력으로 통제 불가 상황이 와야 함

적은 매우 수세적임

11월 6일

최초부터 군경합동이 필수

11월 9일

이재명, 조국, 한동훈, 정청래, 김민석, 우원식, 이학영, 박찬대, 김민웅, 양경수, 최재영, 김어준, 양정천, 조해주

11월 15일

공세적 조치 + 자위권적 응징 태세

메모에 대한 구체적인 설명이나 평가는 군사기밀 침해 우려가 있어서 설명하지 못함을 양해 바랍니다.

비상계엄의 논의 및 준비 시기와 관련해서도 특검은 노상원 수첩 판독 결과 늦어도 **2023년 10월 군 장성 인사가 이루어질 무렵부터 준비가 이루어졌음을 확인**하였습니다.

본 사건의 구체적 범죄 사실은 군사기밀 관련 법령에 따라 상세히 공개하지 못함을 양해해 주시기 바랍니다.

국민의 한 사람으로 의혹이 의혹으로 종결되길 바라는 마음이었습니다. 수사 과정에서 증거를 통해 **설마가 사실로 확인되는 과정**은 수사에 참여하는 사람들 모두에게 실망을 넘어 참담함을 느끼게 하였습니다.

국가 안보를 책임지는 군 통수권자인 대통령과 국방장관이 비상계엄 여건 조성을 목적으로 남북 군사 대치 상황을 이용하려 한 행위

는 국민 안전에 위험을 초래할 수 있는 결코 용납할 수 없는 행위입니다.

다시는 이런 역사적 비극이 되풀이되지 않도록 법원에서 그에 합당한 판결을 선고해주시길 바라겠습니다. 특검은 국가 수호를 위한 군사작전을 수행함에 있어 조금의 위축도 있어서는 안 된다는 판단 하에 공소 제기 대상 범죄 사실의 구성에 최대한 신중과 절제를 하였음을 말씀드립니다. 이상입니다.

이제, 무엇을 할 것인가?

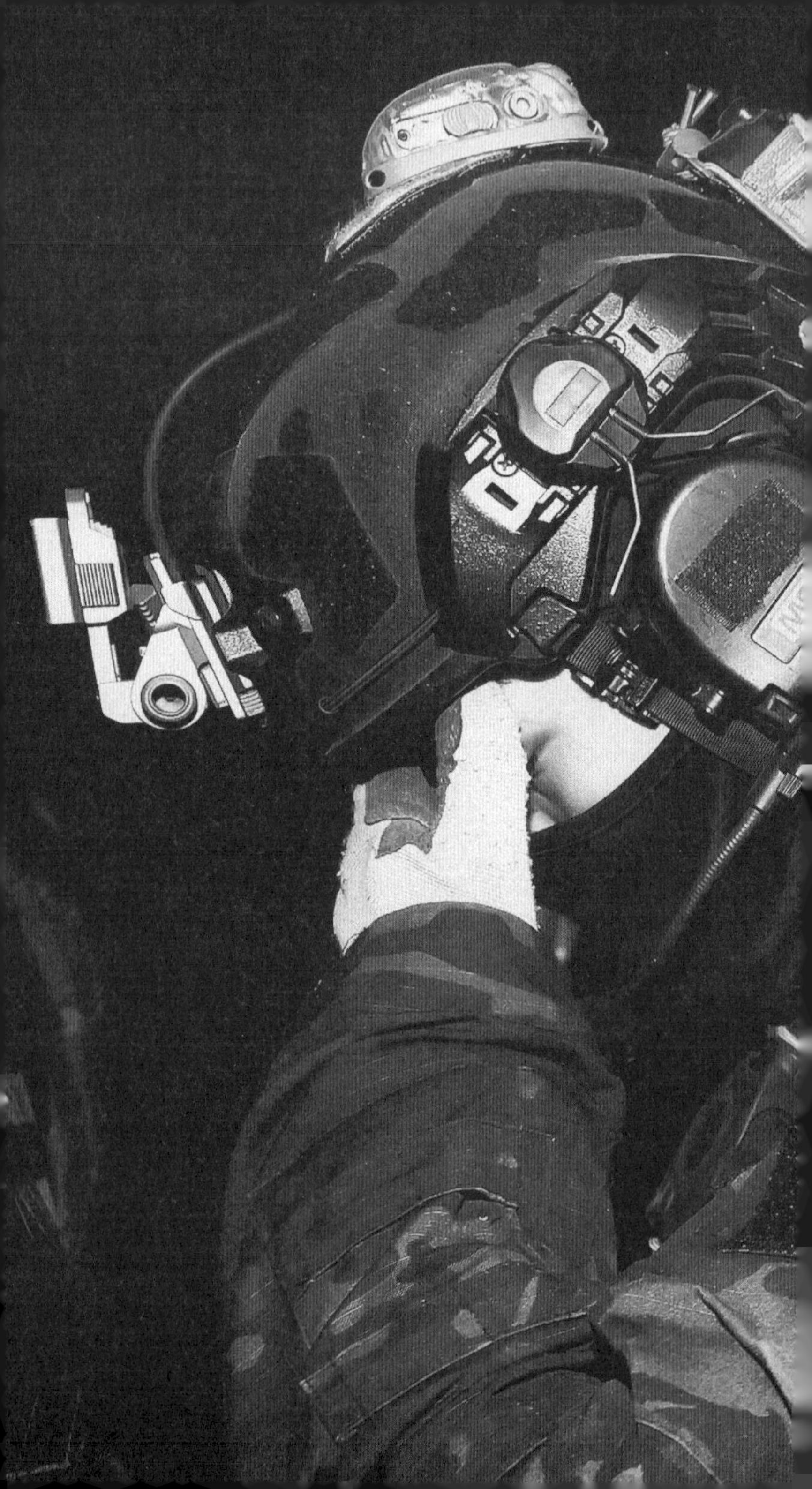

‘제복 입은 시민’인 우리 군인들이
권력의 사병(私兵)이 아닌
헌법의 수호자로 남을 수 있도록...

얼마 전, 의미 있는 여론조사 결과가 보도되었다. 한국갤럽이 2025년 11월 25일부터 사흘간 실시한 '역대 대통령 공과(功過) 인식 조사'였다.

사필귀정(事必歸正)이었다. 윤석열 전 대통령이 '잘못한 일이 많다'는 응답은 77%로 역대 대통령 중 가장 높았다. '잘한 일이 많다'는 응답은 고작 12%에 불과했다. 이는 12.12 군사반란의 주역인 전두환(68%)을 훌쩍 뛰어넘는 수치였다. 국민은 12.3 내란을 일으킨 윤석열을 전두환보다 더한, 헌정 사상 최악의 지도자로 낙인찍은 것이다. (윤 전 대통령에 이어 전두환(68%)·박근혜(65%)·노태우(50%) 전 대통령 순으로 '잘못한 일이 많다'는 평가가 나왔다. 반면, 역대 대통령 중 잘한 일이 많다는 평가를 가장 많이 받은 전직 대통령은 노무현 전 대통령으로 68%였다)

　　　　　　　　　　　　계엄의 밤, 민주주의의 새벽

전두환보다도 최악이라는 이 준엄한 평가. 이것이 지난 12.3 불법 계엄에 대한 국민의 진짜 인식이다.

재판 과정에서 드러난 윤석열의 모습은 어떠한가. 국민의 분노와는 정반대의 길을 걷고 있다. 그는 법정에서조차 단 한 마디의 진정성 있는 사과도 하지 않았다. 모든 것은 '아랫사람의 잘못'이거나 '구국의 결단'이었다는 궤변뿐이었다. 오로지 변명과 '남 탓'으로 일관하는 모습을 보면, 그는 자신이 무엇을 잘못했는지조차 자각하지 못하고 있음이 분명하다. 그 뻔뻔함은 국민을 더욱 분노하게 만들고 있다.

하지만 분노만 하고 있을 수는 없는 일이다. 사태 이후 민주당은 12.3 내란이 남긴 상처를 봉합하고, 다시는 이런 비극이 반복되지 않도록 무너진 시스템을 복구하는 데 매진했다. 이를 위해 민주당은 다양한 노력을 하고 있지만, 나는 그중에서도 다음 세 가지 과제를 해결하는 것이 무엇보다 중요하다고 생각한다.

첫째, 계엄법 개정이다. 기존 계엄법은 독재 시절의 유물처럼 허점투성이였다. 민주당에서만 70여 건의 개정안이 쏟아져 나왔고, 치열한 숙의 끝에 마련된 개정안이 지난 7월 22일 국회 본회의를 통과했다.

우리는 계엄법에 안전장치를 걸었다. ① 계엄을 선포하려면 국무회의 심의를 거치되 발언 내용까지 기록한 회의록을 반드시 남기도록 했고, ② 이 회의록을 국회에 즉시 제출하도록 못박았다. ③ 무엇보다 '국회의원 체포 시도'와 같은 만행을 원천 봉쇄하기 위해 국회 출입 및 회의 방해 금지 조항을 신설했다. 이제 권력자가 밀실에서 계엄을 모의하고, 군홧발로 입법부를 유린하는 일은 법적으로 불가능해졌다.

◆ 신·구 계엄법 비교 *개정 부분 청색 표기 ◆

구법	신법
계엄법	계엄법
제2조 (계엄의 종류와 선포 등) ① 계엄은 비상계엄과 경비계엄으로 구분한다. ② 비상계엄은 대통령이 전시·사변 또는 이에 준하는 국가비상사태 시 적과 교전(交戰) 상태에 있거나 사회질서가 극도로 교란(攪亂)되어 행정 및 사법(司法) 기능의 수행이 현저히 곤란한 경우에 군사상 필요에 따르거나 공공의 안녕질서를 유지하기 위하여 선포한다. ③ 경비계엄은 대통령이 전시·사변 또는 이에 준하는 국가비상사태 시 사회질서가 교란되어 일반 행정기관만으로는 치안을 확보할 수 없는 경우에 공공의 안녕질서를 유지하기 위하여 선포한다. ④ 대통령은 계엄의 종류, 시행지역 또는 계엄사령관을 변경할 수 있다. ⑤ 대통령이 계엄을 선포하거나 변경하고자 할 때에는 국무회의의 심의를 거쳐야 한다.	제2조 (계엄의 종류와 선포 등) ① 계엄은 비상계엄과 경비계엄으로 구분한다. ② 비상계엄은 대통령이 전시·사변 또는 이에 준하는 국가비상사태 시 적과 교전(交戰) 상태에 있거나 사회질서가 극도로 교란(攪亂)되어 행정 및 사법(司法) 기능의 수행이 현저히 곤란한 경우에 군사상 필요에 따르거나 공공의 안녕질서를 유지하기 위하여 선포한다. ③ 경비계엄은 대통령이 전시·사변 또는 이에 준하는 국가비상사태 시 사회질서가 교란되어 일반 행정기관만으로는 치안을 확보할 수 없는 경우에 공공의 안녕질서를 유지하기 위하여 선포한다. ④ 대통령은 계엄의 종류, 시행지역 또는 계엄사령관을 변경할 수 있다. ⑤ 대통령이 계엄을 선포하거나 변경하고자 할 때에는 국무회의의 심의를 거쳐야 한다. 이 경우 국무회

 계엄의 밤, 민주주의의 새벽

⑥ 국방부장관 또는 행정안전부장관은 제2항 또는 제3항에 해당하는 사유가 발생한 경우에는 국무총리를 거쳐 대통령에게 계엄의 선포를 건의할 수 있다. [개정 2013.3.23 제11690호(정부조직법), 2014.11.19 제12844호(정부조직법), 2017.7.26 제14839호(정부조직법)] [전문개정 2011.6.9]	의의 일시·장소, 출석자의 수 및 성명, 발언 내용 등을 기록한 회의록을 즉시 작성하여야 한다. [개정 2025.7.22] ⑥ 국방부장관 또는 행정안전부장관은 제2항 또는 제3항에 해당하는 사유가 발생한 경우에는 국무총리를 거쳐 대통령에게 계엄의 선포를 건의할 수 있다. [개정 2013.3.23 제11690호(정부조직법), 2014.11.19 제12844호(정부조직법), 2017.7.26 제14839호(정부조직법)] [전문개정 2011.6.9]
제4조 (계엄 선포의 통고) ① 대통령이 계엄을 선포하였을 때에는 지체 없이 국회에 통고(通告)하여야 한다. ② 제1항의 경우에 국회가 폐회 중일 때에는 대통령은 지체 없이 국회에 집회(集會)를 요구하여야 한다. [전문개정 2011.6.9]	제4조 (계엄 선포의 통고) ① 대통령이 계엄을 선포하였을 때에는 지체 없이 국회에 통고(通告)하여야 하고, 통고할 때에는 제2조 제5항 후단에 따라 작성된 회의록을 국회에 제출하여야 한다. [개정 2025.7.22] ② 제1항의 경우에 국회가 폐회 중일 때에는 대통령은 지체 없이 국회에 집회(集會)를 요구하여야 한다. [전문개정 2011.6.9]
제9조 (계엄사령관의 특별조치권) ① 비상계엄지역에서 계엄사령관은 군사상 필요할 때에는 체포·구금(拘禁)·압수·수색·거주·이전·언론·출판·집회·결사 또는 단체행동에 대하여 특별한 조치를 할 수 있다. 이 경우 계엄사령관은 그 조치내용을 미리 공고하여야 한다. ② 비상계엄지역에서 계엄사령관은 법률에서 정하는 바에 따라 동원(動員) 또는 징발을 할 수 있으며, 필요한 경우에는 군수(軍需)로 제공할 물	제9조 (계엄사령관의 특별조치권) ① 비상계엄지역에서 계엄사령관은 군사상 필요할 때에는 체포·구금(拘禁)·압수·수색·언론·출판·집회·결사 또는 단체행동에 대하여 특별한 조치를 할 수 있다. 이 경우 계엄사령관은 그 조치내용을 미리 공고하여야 한다. [개정 2025.7.22] ② 비상계엄지역에서 계엄사령관은 법률에서 정하는 바에 따라 동원(動員) 또는 징발을 할 수 있으며, 필요한 경우에는 군수(軍需)로 제공할 물

품의 조사·등록과 반출금지를 명할 수 있다. ③ 비상계엄지역에서 계엄사령관은 작전상 부득이한 경우에는 국민의 재산을 파괴 또는 소각(燒却)할 수 있다. ④ 계엄사령관이 제3항에 따라 국민의 재산을 파괴 또는 소각하려는 경우에는 미리 그 사유, 지역, 대상 등 필요한 사항을 그 재산의 소재지를 관할하는 행정기관과 그 재산의 소유자, 점유자 또는 관리자에게 통보하거나 공고하여야 한다. [전문개정 2011.6.9]	품의 조사·등록과 반출금지를 명할 수 있다. ③ 비상계엄지역에서 계엄사령관은 작전상 부득이한 경우에는 국민의 재산을 파괴 또는 소각(燒却)할 수 있다. ④ 계엄사령관이 제3항에 따라 국민의 재산을 파괴 또는 소각하려는 경우에는 미리 그 사유, 지역, 대상 등 필요한 사항을 그 재산의 소재지를 관할하는 행정기관과 그 재산의 소유자, 점유자 또는 관리자에게 통보하거나 공고하여야 한다. [전문개정 2011.6.9]
	제11조의2 (국회의원 등의 국회 출입 및 회의 방해 금지) 누구든지 계엄 선포 이후 국회의원 및 국회 소속 공무원의 국회 경내(국회 청사 외곽 경계의 안쪽을 말한다. 이하 같다) 출입 및 회의를 방해하여서는 아니 된다. [본조신설 2025.7.22]
	제11조의3 (계엄 해제 이후 국회 보고) 국방부장관, 계엄사령관 및 각 행정기관의 장은 계엄 해제 이후 다음 각 호의 사항을 포함한 계엄 관련 지휘·감독 사항 및 사무 내용 등을 국회에 보고하여야 한다. 1. 제6조제1항에 따른 국방부장관과 대통령의 지휘·감독 사항 2. 제8조에 따른 계엄사령관의 지휘·감독 사항 3. 제9조에 따른 계엄사령관의 특별 조치 사항 4. 제9조의2제4항의 조사서, 확인서, 사진 등 증명자료 [본조신설 2025.7.22]

　　　　　　　　　계엄의 밤, 민주주의의 새벽

제12조 (행정·사법 사무의 평상화) ① 계엄이 해제된 날부터 모든 행정 사무와 사법사무는 평상상태로 복귀한다. ② 비상계엄 시행 중 제10조에 따라 군사법원에 계속(係屬) 중인 재판사건의 관할은 비상계엄 해제와 동시에 일반법원에 속한다. 다만, 대통령이 필요하다고 인정할 때에는 군사법원의 재판권을 1개월의 범위에서 연기할 수 있다. [전문개정 2011.6.9]	제12조 (행정·사법 사무의 평상화) ① 계엄이 해제된 날부터 모든 행정 사무와 사법사무는 평상상태로 복귀한다. ② 비상계엄 시행 중 제10조에 따라 군사법원에 계속(係屬) 중인 재판사건의 관할은 비상계엄 해제와 동시에 일반법원에 속한다. [개정 2025.7.22] [전문개정 2011.6.9]
제13조 (국회의원의 불체포특권) 계엄 시행 중 국회의원은 현행범인인 경우를 제외하고는 체포 또는 구금되지 아니한다. [전문개정 2011.6.9]	제13조 (국회의원의 불체포특권) ① 계엄 시행 중 국회의원은 현행범인인 경우를 제외하고는 체포 또는 구금되지 아니한다. [개정 2025.7.22] ② 국회가 계엄 해제를 요구하기 위하여 본회의를 개의하는 경우 제1항에도 불구하고 현행범인 국회의원을 체포 또는 구금하고 있는 행정기관 등은 국회의원이 해당 안건을 심의하기 위한 본회의에 출석할 수 있도록 조치하여야 한다. [신설 2025.7.22] [전문개정 2011.6.9]
	제13조의2 (국회 출입 금지) 계엄 시행 중에 국회의 권한 행사를 보장하기 위하여 계엄사령관의 지휘·감독을 받는 군인, 경찰 및 정보·보안기관 직원 등은 국회 경내에 출입할 수 없다. 다만, 국회의장이 요청하거나 허가한 경우에는 그러하지 아니하다. [본조신설 2025.7.22]

제14조 (벌칙)	제14조 (벌칙)
① 거짓이나 그 밖의 부정한 방법으로 이 법에 따른 보상금을 받은 자 또는 그 사실을 알면서 보상금을 지급한 자는 5년 이하의 징역 또는 3천만원 이하의 벌금에 처한다. 다만, 해당 보상금의 3배의 금액이 3천만원을 초과할 때에는 그 초과 금액까지 벌금을 과(科)할 수 있다. ② 제8조제1항에 따른 계엄사령관의 지시나 제9조제1항 또는 제2항에 따른 계엄사령관의 조치에 따르지 아니하거나 이를 위반한 자는 3년 이하의 징역에 처한다. ③ 제1항에 규정된 죄의 미수범은 처벌한다. ④ 제1항의 징역형과 벌금형은 병과(倂科)할 수 있다. [전문개정 2011.6.9]	① 거짓이나 그 밖의 부정한 방법으로 이 법에 따른 보상금을 받은 자 또는 그 사실을 알면서 보상금을 지급한 자는 5년 이하의 징역 또는 3천만원 이하의 벌금에 처한다. 다만, 해당 보상금의 3배의 금액이 3천만원을 초과할 때에는 그 초과 금액까지 벌금을 과(科)할 수 있다. ② 제8조제1항에 따른 계엄사령관의 지시나 제9조제1항 또는 제2항에 따른 계엄사령관의 조치에 따르지 아니하거나 이를 위반한 자는 3년 이하의 징역에 처한다. ③ 제11조의2를 위반하여 국회의원 및 국회 소속 공무원의 국회 경내 출입 및 회의를 방해한 자는 5년 이하의 징역이나 금고에 처한다. [신설 2025.7.22] ④ 제13조의2를 위반하여 국회 경내에 출입한 자는 3년 이하의 징역이나 금고 또는 1천만원 이하의 벌금에 처한다. [신설 2025.7.22] ⑤ 제1항 및 제4항에 규정된 죄의 미수범은 처벌한다. [개정 2025.7.22] ⑥ 제1항의 징역형과 벌금형은 병과(倂科)할 수 있다. [개정 2025.7.22] [전문개정 2011.6.9]

계엄의 밤, 민주주의의 새벽

둘째, '군인(공무원)의 지위 및 복무에 관한 기본법 개정'
이다. 이 법은 군인들에게 '부당한 명령을 거부할 권리'를
쥐여 주는 것이다. 12.3 당시 상관의 위법한 출동 명령 앞에
서 고뇌했을 수많은 군인을 위한 법이다. '명백히 위법한 명
령은 거부할 수 있고, 그로 인한 불이익을 받지 않는다'는
조항은 제2의 내란을 막을 최후의 보루가 될 것이다.

◆ **군인의 지위 및 복무에 관한 기본법 개정** ◆

국방위 (국방부)	군인의 지위 및 복무에 관한 기본법 (김한규, 2206491) (김현정, 2206507) (홍기원, 2206554) (이연희, 2206884) (이학영, 2207047) (용혜인, 2207257) (민형배, 2207962) (안규백, 2209750) (백선희, 2210564)	위원회 법안 소위 (25.11.27)	【주요 내용】 ㅇ상관의 정당하고, 직무상 명령의 범위에 속하는 명령에 한하여 복종하도록 명령의 범위를 구체화하고 명백히 위법한 명령에 대해서는 거부할 수 있으며, 이로 인한 인사상 불이익 금지 등 【여야 이견】 ㅇ(국힘) 군 위계질서 혼란 및 수명자에 대한 책임 전가 가능성 우려

그런데 안타깝게도 이 법안은 국민의힘 소속 국방위원
들의 반대에 막혀 아직 국방위 법안소위에 계류 중이다. 그
들은 '군 기강이 흔들린다'는 반대 논리를 내세웠다. 그러나
위법한 명령에 무조건 복종하는 것이야말로 군을 망치는 길

이다. 그들의 반대 논리는 이 사실을 애써 외면하는 비겁한 변명일 뿐이다.

공무원에게 같은 논리를 적용한 법안 역시 행정안전위원회에서 멈춰 서 있다. 위 법안들을 반드시 통과시켜 처벌에 대한 걱정 없이 위법한 명령을 거부할 수 있는 나라를 만들어야 한다.

셋째, 내란의 손발이 되었던 '국군방첩사령부'를 개혁하는 것이다. 현재 방첩사는 국회에서 제정된 '법률'이 아니라 고작 '대통령령'에 근거해 운영되고 있다. 마음만 먹으면 대통령이 언제든 국무회의 의결만으로 조직과 기능을 멋대로 바꿀 수 있다는 뜻이다. 이것이 김용현 전 장관이 방첩사를 사병(私兵)처럼 부릴 수 있었던 배경이었다.

방첩사도 군사경찰처럼 국회의 통제를 받는 명확한 법률, 즉 가칭 '국군방첩사령부의 직무수행에 관한 법률안'에 따라 운영되도록 만들어야 한다.(군사경찰의 경우, '군사경찰의 직무수행에 관한 법률안'이 있다) 그래야 군 정보기관이 정권의 입맛에 따라 춤추는 꼴을 막을 수 있다.

무능한 지도자 한 사람이 저지른 무도한 불법 계엄의 대가는 너무나 참혹했다. 대한민국 민주주의의 뿌리가 흔들렸고, 국격은 하루아침에 무너져 내렸다. 경제적 피해도 막심

했다. 계엄의 충격과 혼란 속에 자영업자 20만 명이 폐업했다. 국민이 입은 정신적, 물질적 피해는 어떠한 수치로든 환산조차 할 수 없다.

무엇보다 가슴 아픈 것은 우리 군(軍)의 현실이다. 과거 군사독재의 오명을 씻고 '국민의 군대'로 거듭나기 위해 피땀 흘려온 지난 30여 년의 노력이 물거품이 되었다. 윤석열의 불법 계엄에 동조한 일부 정치군인들과 예비역 장성들은 국민을 향해 총구를 겨누는 만행을 저질렀고, 역사 앞에 씻을 수 없는 죄인이 되었다.

내란이 발생한 지 1년이 지났다. 그러나 우리 군의 시계는 여전히 1년 전에 멈춰 있다. 지휘부는 무너졌고 신뢰는 바닥났다. 이재명 국민주권정부가 들어서며 군의 위상을 바로 세우려 노력하고 있지만, 그 일은 결코 만만치 않다.

이 세 가지 과제―계엄법의 절차적 통제 강화, 군인의 위법 명령 거부권 보장, 방첩사의 법적 통제―는 단순히 법 조항 몇 개를 고치는 기술적인 문제가 아니다. 이것은 '제복 입은 시민'인 우리 군인들이 권력의 사병(私兵)이 아닌 헌법의 수호자로 남을 수 있도록 지켜주는 최소한의 원칙이다.

"이제 무엇을 할 것인가?"라는 질문에 대한 답은 명확하

다. 더 이상 지도자의 '선의'나 군인 개인의 '양심'에만 국가
의 운명을 맡겨서는 안 된다는 것이다. 누군가 또다시 광기
를 품고 헌법을 유린하려 할 때, 시스템이 자동으로 작동하
여 그 시도를 무력화할 수 있어야 한다.

가장 시급한 것은 입법이다. 국회에 계류 중인 법안들을
조속히 통과시켜, 군인 한 사람 한 사람이 부당한 명령 앞에
서 법의 보호를 받으며 당당하게 '거부'할 수 있는 환경을
만들어야 한다. 그것이 12.3 내란 당시 혼란 속에서도 헌법
을 지키고자 고뇌했던 군인들에 대한 우리 사회의 응답이어
야 한다.

기록은 망각에 대한 저항이자, 미래를 위한 설계도다. 내
가 이 참혹했던 내란의 과정을 낱낱이 기록하고 분석한 이
유는 단 하나다. 무너진 시스템을 정교하게 복원하여, 다시
는 이 땅의 권력자가 자신의 안위를 위해 국민에게 총구를
겨누는 일이 '물리적으로 불가능한' 나라를 만들기 위함이
다.

12월 3일의 비극은 한 번으로 족하다. 이제 우리는 분노
를 넘어, 시스템을 바로 세우는 냉철한 실천으로 나아가야
한다.

　　　　　　　　　　　계엄의 밤, 민주주의의 새벽

이상협 민주당 국방전문위원이 온몸으로 통과한 내란의 기록

계엄의 밤, 민주주의의 새벽

ⓒ이상협, 2026
2026년 1월 20일 1판 1쇄 펴냄

지은이 : 이상협 | 편집 : 김장성, 김한범 | 디자인 : 최도은
펴낸이 : 김장성 | 펴낸곳 : 저상버스(이야기꽃)
주소 : 경기도 고양시 덕양구 청초로66 B동 312호
전화 : 070-8797-1656 | 이메일 : nobarrierso@naver.com
ISBN : 979-11-92102-47-4 03340

저상버스는 이야기꽃의 인문교양 브랜드입니다.
저상버스는 세상의 부당한 문턱을 낮추고자 합니다.